RÉPONSE

A TOUS MES CRITIQUES

PAR

CONSTANT HILBEY (OUVRIER),

AUTEUR DE

VENALITÉ DES JOURNAUX,

PARIS,

CHEZ TOUS LES LIBRAIRES.

1846

IMPRIMERIE DE ÉDOUARD BAUTRUCHE,
RUE DE LA HARPE, 90.

RÉPONSE

A TOUS MES CRITIQUES.

En formant le dessein de répondre aux critiques soulevées par ma brochure (*Vénalité des journaux*), je n'ai pas voulu répondre seulement aux critiques imprimées, mais aussi aux critiques verbales qui m'ont été rapportées et que j'ai pu recueillir moi-même. Cet ouvrage est le contraire de ceux dont on s'occupe beaucoup dans les journaux et peu dans le public, on s'en est occupé beaucoup dans le public et peu dans les journaux. Cela se comprend : les journaux n'ayant rien de bon à répondre, ont préféré se taire. Comme des brigands à l'aspect d'un flambeau se réfugient au plus épais de l'ombre, ils se sont réfugiés dans le silence; seulement, comme je les ai poursuivis jusque dans leurs derniers retranchements en frappant à coups redoublés, ils n'ont pu retenir entièrement leur plainte et ils ont poussé quelques cris lorsque j'ai frappé par trop fort.

Les critiques que je veux réfuter ne sont point celles toutefois qui s'adressent au mérite littéraire de mes ouvrages, qui est parfaitement nul comme je me plais à le reconnaître, mais celles qui tendent à dénaturer des faits et à affaiblir l'impression qu'ont pu produire sur le public mes révélations. Qu'on le sache donc bien, la cause que je défends n'est point ma cause, c'est celle de la vérité. Sans doute, une pareille abnégation doit paraître suspecte à une époque d'égoïsme et de cupidité comme la nôtre, aussi chacun veut-il donner à ma conduite des motifs d'intérêt personnel qu'elle n'a point, et ce sont ces fausses interprétations qui jettent mes ennemis dans une contradiction perpétuelle !

Beaucoup de gens, même de bonne foi, mais incapables d'agir dans un autre intérêt que le leur, ont demandé quel a été mon but en publiant un pareil écrit ; et, voyant que ce n'était ni l'argent puisque j'en dispersais, ni la réputation puisque je me fermais toutes les voies, ils m'ont traité de *maniaque*. En vérité, quand de pareilles gens viendront chez vous n'allumez point de chandelle, car ils vous demanderaient ce que vous en voulez faire et, voyant que la lumière vous coûte de l'argent, ils vous conseilleraient de vivre dans les ténèbres !

RÉPONSE

A TOUS MES CRITIQUES.

***

L'émancipation de Toulouse prophétesse.

Lorsque je publiai ma brochure, je ne l'envoyai point aux journaux de Paris; mais je l'envoyai à quelques journaux des départements que je pouvais croire plus honnêtes : c'était encore une illusion, je ne reçus de mes envois aucune nouvelle (1). Le hasard seul mit sous mes yeux un article de l'*Emancipation* de Toulouse, reproduit par *la Réforme*, où l'on ne me faisait pas l'honneur de me nommer, mais où l'on me faisait l'honneur plus grand de me *voler*.

On sait que dans ma brochure j'ai publié les reçus des journaux auxquels j'ai payé des *comptes-rendus* ; dans la même brochure, j'ai dit : *Du jour où il sera constant qu'un journal, au lieu d'être une tribune, n'est qu'un bazar où chacun peut venir, pour quelques*

***

(1) Depuis que cet article est écrit, j'ai reçu une lettre du directeur de la *Revue* de Rouen, M. *Periaux,* dans laquelle on lit :

« Monsieur,

« J'ai lu avec beaucoup d'intérêt les deux brochures que vous avez bien « voulu m'envoyer : dans l'une d'elles vous révélez avec une rare énergie la plaie « qui ronge et déshonore la presse parisienne, et QUI TEND MALHEUREUSEMENT A SE « PROPAGER DANS LES PROVINCES; c'est un triste avantage que de juger les hommes et « les choses de si près, vous l'avez eu, Monsieur, vous avez eu le courage de les « dévoiler, et ce n'est pas votre moindre mérite aux yeux des honnêtes gens; mais « je vous le demande, pouvez-vous espérer de faire disparaître le mal? »

PERIAUX. »

Monsieur, ne désespérons de rien : *la Foi transporte les montagnes.* Sans doute il ne faut guère espérer de corriger les imposteurs ; mais on peut les marquer au front de telle manière que tout le monde pouvant les reconnaître ils cessent d'être dangereux.

francs, étaler sa vanité et ses sottises, de ce jour il n'y aura plus de public pour les journaux.

Or écoutez l'*Emancipation* :

« Jusqu'à présent le récit des funérailles d'un homme célèbre était exempté du tarif qu'il faut payer pour entrer dans les colonnes des journaux, il n'en sera plus ainsi désormais, grâce à la spéculation *qui change les journaux de tribunes en comptoirs,* les feuilles publiques sont des succursales de l'entreprise des pompes funèbres et font payer leurs éloges comme celle-ci fait payer ses voitures et ses draperies. On a pu lire dans *le Constitutionnel,* dans *la Presse* et dans les *Débats,* le récit de l'enterrement de M. Philippe de Girard : ce récit a été inséré dans chacun des journaux que nous venons de nommer à raison de 4 fr. la ligne. . . »

. . . .

Nous ne voulons point nier le droit qu'ont les journaux de faire argent de tout, nous regrettons seulement que les conditions où s'est placée volontairement la plus grande partie de la presse parisienne l'oblige ainsi à battre monnaie avec tout. Nous croyons au désintéressement et à la candeur, si l'on veut, des administrations Veron, Bertin, Girardin et autres ; mais qui ne voit que ce qu'on fait pour les funérailles, on sera conduit à le faire plus tard *pour des comptes-rendus de pièces, de livres* pour des discours même de tribune, et que la presse tombera ainsi dans une abjecte vénalité qui sera *sa ruine et sa mort*; est-ce là qu'on en veut arriver ? »

A-t-on remarqué avec quel ton prophétique l'*Emancipation* s'écrie : *qui ne voit que ce qu'on fait pour les funérailles, on sera conduit à le faire plus tard pour des comptes-rendus de livres, de pièces ?* quelle hardiesse et quelle pénétration de l'avenir il faut , pour annoncer au monde comme une calamité future des faits accomplis depuis longtemps et dont on a la preuve sous les yeux ; j'espère que cela s'appelle s'*émanciper.* Aussi cet article a-t-il été trouvé très-audacieux ! et si *la Réforme* a osé le reproduire , elle ne l'a pas fait sans une extrême réserve ; écoutez-la plutôt :

« Nous trouvons dans *l'Émancipation* les *étranges* détails qui suivent sur les trafics auxquels se livre, *dit-elle,* la presse mercantile ; nous ne *garantissons pour notre part que l'exactitude de la citation,* nous ajouterons seulement que *la Réforme* a parlé de Philippe de Girard, qu'elle en a parlé amplement et avec éloge, mais l'éloge était parfaitement gratuit. *la Réforme* n'a rien demandé ni rien reçu !!! »

(Réforme du 19 septembre 1845.)

Pauvre *Réforme!* Pourquoi n'ajoute-t-elle pas qu'elle n'a jamais rien reçu de personne, ce serait plus net. Mais elle a pour cela trop d'ingénuité !

> L'innocence étonnée
> Ne peut s'imaginer qu'elle soit soupçonnée.

Elle ne peut même s'imaginer que l'on soupçonne les autres ! Quelle candeur et quelle ingénuité ! Je vais vous expliquer tout à l'heure combien *la Réforme* est ingénue !

Pour *l'Emancipation*, lorsque le procès à moi intenté par M. Granier de Cassagnac a été jugé, voyant que cela ne pouvait plus servir à rien de se taire, elle s'est décidée à parler. Voici ce qu'elle a dit :

« Un ouvrier poëte, M. C. Hilbey, ayant, dans une brochure intitulée *Vénalité des journaux*, révélé certains faits excessivement curieux relativement à la manière dont *se font* les réputations littéraires et autres, a été attaqué en diffamation par M. G. de Cassagnac, auteur d'un feuilleton *en faveur* des poésies de M. Hilbey. Le tribunal, etc. »

Quoi ! j'avais *révélé des faits relativement à la manière dont se font les réputations littéraires et autres !* Et cela n'était que *curieux !* Et cela n'était pas important quand ce sont ces réputations qui gouvernent le monde ! Mais supposons que ma brochure n'eût été que *curieuse*, on voit comment les journaux font connaître au public ce qui peut l'intéresser. Car il n'a pas dépendu de *l'Emancipation* que cette *curieuse* brochure ne restât complétement ignorée ! Certes, un journaliste qui a connaissance d'un livre contenant des faits pareils à ceux que j'ai signalés, et qui garde le silence, est coupable de trahison envers le pays ! Mais comment qualifier celui qui, non content d'étouffer ce livre, ne craint pas d'en piller les idées ! on ne peut lui répondre que par ce vers de Crébillon :

> Ah ! doit-on hériter de ceux qu'on assassine !

Ingénuité de la Réforme.

Il y a deux ans, je fis offrir à *la Réforme* 40 francs pour insérer un éloge de mes poésies. *La Réforme* consentit à insérer l'éloge ; mais la somme d'argent ne lui parut pas suffisante. Voici une lettre qui me fut envoyée à ce sujet, par un courtier d'annonces.

Paris, le 23 mars 1844.

« Monsieur,

« Si vous voulez que je vous fasse insérer vos poésies dans le journal *la Réforme*, veuillez vous donner la peine de passer demain au journal *la France*, où je vous attendrai. Malgré toutes mes instances, je n'ai pu obtenir qu'on vous insère votre grande réclame et une annonce à moins de 50 fr., ma remise comprise.

J'ai l'honneur de vous saluer très-humblement.
J. ROBERT. »

Cette insertion n'a pas eu lieu. Voici pourquoi : pendant que cette affaire se négociait, j'appris que *la Réforme* ne tirait qu'à 500 exemplaires, et me trouvant court d'argent, je ne voulus point me gêner pour une insertion de si peu d'importance.

On voit dans la lettre que je viens de citer *votre longue réclame ;* mais qu'on ne se laisse pas tromper par ce mot réclame, il s'agissait d'un véritable article qui devait être placé dans le *feuilleton* ou à l'article *variétés*. Pour s'en convaincre on n'a qu'à examiner le commencement de la lettre, *si vous voulez que je vous fasse insérer vos poésies*, on saura bien que ce que j'avais fait demander à *la Réforme*, ce n'était point d'insérer mes *poésies* dans les *réclames*, jamais sans doute *la Réforme* elle-même n'a inséré de *vers* dans cette partie du journal. Le mot *réclame* veut dire ici simplement *article payé ;* ainsi, dans les journaux, les articles premier-Paris sont souvent des *réclames ;* on pourrait même dire que presque tout journal n'est d'un bout à l'autre qu'une *longue réclame.*

Voici l'éloge dont il s'agissait, il avait été rédigé au coin de mon feu par M. Alphonse Viollet.

« En lisant attentivement les poésies de Constant Hilbey, on ne tarde pas à être convaincu que l'imagination n'a pas seule le privilége d'intéresser, de captiver, d'entraîner ; le cœur, quand il est profondément blessé, trouve une infinité de tons, de couleurs, de nuances délicates, qui exercent la même puissance en pénétrant plus avant dans l'intimité de notre être. Chose très-remarquable, et pourtant peu remarquée, c'est que les poètes de cette dernière classe sont extrêmement rares chez nous : c'est donc avec un vif sentiment de satisfaction que nous avons reconnu que l'œuvre de M. Hilbey se distinguait par une inspiration continuelle, puisée à cette noble source et vivifiée par les beautés toujours nouvelles de la nature. Deux mots peuvent résumer le caractère bien tranché de ce livre : Amour ! Nature !

La pièce de vers qui devait suivre ce modeste éloge contenait 52 lignes et se trouve à la page 103 d'*Un courroux de poète*. Cette insertion, comme je l'ai dit, n'a pas eu lieu, mais uniquement parce que je n'ai pas voulu.

Un an plus tard, après le jugement de mon procès contre M. de Moléon et la publication de ma brochure contre l'Odéon, j'eus besoin de publier dans les journaux une réclamation relativement à une brochure anonyme intitulée *Réforme théâtrale*, qui me fut attribuée par M. Cavé, et pour laquelle je fus appelé devant le juge d'instruction du tribunal de la Seine.

Je fis insérer d'abord cette réclamation dans la *France théâtrale*, qui ne m'a jamais fait payer une ligne, puis je m'adressai à un petit journal que j'avais payé quelquefois, mais qui, ce jour-là, inséra mon article et refusa héroïquement mon argent, en me disant qu'*il avait rompu avec son passé !* Je compris que mon procès et ma brochure avaient produit leur effet et avaient fait craindre à cet honnête journal d'être démasqué par moi ; il n'avait rien à redouter, je ne possède contre lui aucune preuve, et il ne vaut pas que je m'expose à un procès en diffamation... Voyant que mes antécédents m'avaient rendu respectable dans l'esprit des journalistes , j'eus la fantaisie de m'adresser à *la Réforme* pour voir comment j'y serais accueilli. Je demandai le rédacteur, et l'on m'introduisit dans un bureau en disant à un homme qui s'y trouvait : « Monsieur *Arago*, voici quelqu'un qui voudrait vous parler. Je fus fort étonné en entendant le nom d'*Arago* : je savais qu'Etienne Arago faisait des feuilletons dans la *Réforme*, mais j'ignorais que la rédaction de ce journal dépendît de lui. Si je l'avais pu savoir, je me serais bien gardé de m'adresser à *la Réforme*, attendu que je préparais à *Emmanuel* Arago (neveu d'Etienne) une attaque assez violente, et que je n'aurais voulu entrer en relation avec personne de sa famille. Cependant j'étais là, il fallait parler. Lorsque j'eus dit à M. Etienne Arago ce qui m'amenait, il répondit : « Vous êtes *Mossieu* Hilbey ? Pourquoi n'êtes-vous pas venu quand on a joué votre pièce, je vous aurais soutenu : c'est notre affaire à nous de soutenir les ouvriers. — Monsieur, répondis-je, je croyais que pour savoir si vous deviez me soutenir, il vous était plus utile de voir ma pièce que moi. — Oh, mais ordinairement les auteurs viennent... — Je le sais, mais pour moi, je ne suis allé vers aucun journal. — Pourquoi, *Mossieu ?* — Parce que j'ai très-peu de confiance dans les journalistes. — Vous avez tort, *Mossieu*, il y en a de bons. Quel est celui qui vous attribue une brochure ? — Monsieur Cavé, directeur des Beaux-Arts. — Mais , *Mossieu*, vous ne pouvez mieux vous adresser, je suis l'ennemi intime de *Mossieu* Cavé !! Pourquoi vous attribue-t-il cette brochure ? — D'abord parce qu'il sait que j'ai contre lui quelque chose à publier, ensuite parce que j'ai payé huit cents francs pour faire jouer ma pièce à l'Odéon , et que cela me rend suspect... aux yeux de M. le directeur des Beaux-Arts. — Vous avez payé huit cents francs à l'Odéon ? — Oui, Monsieur, et je l'ai publié dans une brochure. Vous ne l'avez pas su ? — Non, *Mossieu.* — Eh bien, Monsieur, j'ai publié cela et l'on n'a pas destitué le directeur. — On ne l'a pas destitué!... — Non, Monsieur; croyez-vous qu'on devait le destituer? — Si je le crois, *Mossieu!* si je le crois! Mais laissez-moi faire, je vais leur en donner dans mon feuilleton de lundi. Un théâtre subventionné, quelle infamie! — Oh! Monsieur, si vous voulez m'aider, nous en dévoilerons bien d'autres infamies, j'ai aussi payé les journaux pour me faire vanter. — Vous avez payé les journaux! — Oui, Monsieur. — Oh! mes indignes confrères! — Oui, Monsieur !... et je vais publier leurs *reçus.* — Publiez-les, *Mossieu!* publiez-les! et qu'ils soient tous flétris! — J'ai fait un procès dans lequel j'ai soulevé déjà un petit coin du voile... Vous n'en avez pas eu connaissance? — Non, *Mossieu.* — C'est M. *Emmanuel* qui a plaidé pour moi. — Je ne le savais pas, *Mossieu.* — Il fut convenu que j'apporterais le lendemain à M. Etienne Arago ma brochure relative à l'Odéon, ainsi que le marché écrit de la main de M. Lireux, et qu'il mettrait dans son feuilleton du lundi un article à ce sujet. Il rédigea en ma présence les quelques lignes suivantes qu'il inséra le soir même dans *la Réforme :*

« M. Constant Hilbey, jeune ouvrier tailleur, auteur d'une jolie comédie en vers jouée avec succès à l'Odéon, a été appelé hier devant M. de Saint-Didier, juge d'instruction, à l'effet d'être interrogé comme auteur prétendu d'une brochure intitulée *Réforme théâtrale,* qui incrimine fortement M. Cavé, directeur des Beaux-arts. M. Hilbey, qui signe tout ce qu'il écrit, a déclaré n'être pour rien dans cette publication. Ce qui avait pu faire croire qu'il en était l'auteur, c'est que M. Hilbey avait naguère, dans un journal, fait appel à un imprimeur pour la publication d'une brochure sur la même matière; mais M. Hilbey en fut pour son appel, auquel nul imprimeur n'osa répondre. »   (*Réforme* du 19 juillet 1845.)

En quittant M. Etienne Arago, je soupçonnai bien que mon procès et ma brochure étaient pour beaucoup dans son accueil, quoiqu'il n'eût eu connaissance ni de l'un ni de l'autre... Cependant cette haine vigoureuse contre tous les abus, cette promesse de les attaquer le lendemain, tout cela m'avait ébranlé, et je me disais : « Est-il possible que cet homme soit parent d'Émmanuel Arago qui m'a trahi pour favoriser la vénalité!... est-il possible aussi que j'aie dans mon portefeuille la lettre que j'ai... Sans doute le rédacteur qui avait consenti à insérer mes vers dans *la Réforme* pour 50 francs est quelque rédacteur subalterne qui trafique de *la Réforme* à l'insu de ses chefs! » Et je plaignais

Etienne Arago d'avoir de pareilles gens et dans sa famille et parmi ses rédacteurs, et je m'apprêtais à lui dire le lendemain : « Défiez-vous de vos rédacteurs, car il y a parmi eux un traître qui vous compromettra. »

Je n'eus point cette peine; M. Etienne Arago m'avait donné rendez-vous à trois heures au bureau de *la Réforme* et il ne s'y trouva pas : je craignis pour sa santé, car une maladie ou la mort pouvait seule empêcher un homme si courroucé contre les abus de se trouver à un rendez-vous où la preuve d'abus monstrueux lui devait être donnée ! Il était surtout important de ne pas manquer le rendez-vous, parce qu'il avait lieu le samedi et que le terrible feuilleton devait paraître le lundi suivant. Pour que la faute ne m'en pût être attribuée... j'attendis jusqu'à sept heures, bien décidé que j'étais de coucher à *la Réforme* si mon homme n'arrivait pas ; mais, à sept heures, M. Etienne Arago arriva : il me parut en bonne santé et fort surpris de me trouver là !... « Monsieur, lui demandai-je, il ne vous est rien arrivé? — Non, *Mossieu*. — Voici la brochure relative à l'Odéon, voulez-vous voir l'engagement écrit de la main de M. Lireux ? — Non *Mossieu*, cela n'est pas utile. — Voulez-vous voir quelques reçus de journaux ? — Non, *Mossieu*, cela n'est pas nécessaire ; laissez-moi votre brochure et je vais voir comment le vent va me pousser. — Bon, dis-je, voilà le salut de l'art dramatique et de la littérature livré au caprice des vents. — *Mossieu*, j'ai réfléchi à ce que vous m'avez dit hier; allez-vous publier tous ces reçus ? — Comment, monsieur, il y a cinq ans que j'en amasse pour cela. — Vous avez peut-être tort. Vous en avez du *National ?* — C'est bien le plus coupable, lui qui se dit pur pour mieux abuser le peuple. — Oui, mais ce sont des *nouvelles diverses* que vous avez dans le *National*, et cela n'est pas grave... — Comment, j'ai au contraire acheté des nouvelles diverses parce que les *nouvelles diverses* sont, dans un journal, ce qu'il y a de plus lu (1).—Oh ! oui, mais on sait bien que cela se paie et vous n'apprendrez rien. — Alors, monsieur, si cela se paie, je vais vous payer l'article que vous m'avez inséré ce matin. — Y pensez-vous, *Mossieu*, cela ne se fait pas à *la Réforme !* — Alors, c'est que cela ne doit pas se faire. — Oh ! prenez garde, on sait que cela se fait. — Mais, enfin, l'avez-vous fait quelquefois ? — Jamais ! *Mossieu !* jamais ! Mais cela se fait. — Eh ! bien, c'est parce que cela se fait que je vais le publier. »

Le lundi suivant M. Etienne Arago parla de M. Cavé, contre lequel

---

(1) Croit-on d'ailleurs que le journal qui ne craint pas de tromper le public dans ses Nouvelles diverses, soit plus scrupuleux dans son premier-Paris.

cette circonstance avait sans doute réveillé sa haine, mais il laissa en paix l'Odéon, la commission des théâtres royaux, le ministre et tous les abus dont il n'était pas *l'ennemi intime*. Alors je compris parfaitement la comédie qu'il avait jouée !... Cependant comme je n'avais pas sur *la Réforme* de faits assez positifs, comme le seul reproche sérieux que j'avais à lui adresser était d'avoir consenti à insérer mon éloge pour 50 francs et que cette insertion n'avait pas eu lieu, je n'ai pas publié ces détails dans ma première brochure ; mais on l'a vu par quelques lignes que j'ai citées à propos de *l'Emancipation*, *la Réforme* est par trop innocente, elle devient chaque jour de plus en plus candide ! et j'ai cru qu'à tant d'ingénuité une récompense était due !

Plaisante confidence.

Si *l'Emancipation* pensait que ma brochure allait être étouffée, les journalistes *de Paris* ne l'espéraient pas moins ; comment, se disaient-ils, quand des milliers de livres annoncés à grands frais dans nos journaux demeurent dans une obscurité complète, comment une brochure qui n'est annoncée nulle part pourrait-elle réussir à se faire jour ? Je voyais leur espoir, et loin de chercher à le détruire, je tâchais de l'alimenter en donnant peu de publicité à ma brochure, afin qu'espérant l'assoupir ils ne fissent rien pour l'arrêter.... et qu'un certain nombre d'exemplaires pût se répandre dans le public avant le coup que je méditais... Mon stratagème réussit, et chaque jour on me rapportait les cris de triomphe de mes ennemis. Ainsi, l'on me rapporta qu'un homme haut placé avait dit : *ce jeune homme s'était ouvert les portes et il se les est refermées ; il a perdu son avenir ;* ce qui voulait dire sans doute : ce jeune homme s'était ouvert les portes en se faisant hypocrite et charlatan, et il se les est refermées en montrant qu'il était honnête homme et ami de la vérité ! D'autres, feignant de me vanter, disaient que j'avais eu *un courage malheureux !* D'autres enfin, et ceux-là avaient leurs raisons, prétendaient que j'étais *fou*, ce n'était à mon sujet que lamentations ! On disait que ma brochure allait être un *cri perdu dans l'espace*, que j'étais le *pot de terre contre le pot de fer* (1), et autres choses pareilles ! Il y avait enfin de quoi alarmer l'homme le plus rassuré, et cependant je ne tremblais point,

---

(1) Voyez comme les choses ont changé, j'ai vu des recueils où l'on m'*accuse* d'être *aujourd'hui célèbre* et d'avoir *spéculé sur le scandale !*

je remarquais même que, tandis que le *pot de terre* était assez tranquille, le *pot de fer* se tourmentait beaucoup.......

Insensiblement ma brochure se répandait; un jour, me trouvant dans un cabinet de lecture (*à la Tente*), j'aperçus un jeune homme, qui la lisait avec avidité : je m'approchai pour deviner à ses mouvements l'impression qu'elle lui causait; je le vis plusieurs fois retourner un feuillet qu'il avait déjà lu; je pensai qu'une si profonde attention ne pouvait venir que d'une grande sympathie : j'eus bientôt l'occasion de savoir ce qu'il en était, car un autre jeune homme s'étant approché de lui, le dialogue suivant s'établit entre eux à voix basse : « Tu lis Constant Hilbey! — Oui. — Est-ce bien?... — Non!... il se plaint.... Il est vrai qu'il y a là de la part de l'Odéon des choses épouvantables... Si sa pièce avait été un chef-d'œuvre... mais c'était une *cochonnerie!* — Ah! c'était?... — Oui, mon cher, *une vraie cochonnerie!* Il donne les reçus des journaux qu'il a payés pour se faire vanter. — Hum!... il a voulu acheter de la mémoire... — Oui! » Ici le nouveau-venu, après avoir échangé encore quelques paroles qu'il me fut impossible d'entendre, s'en alla à une autre table, et mon *admirateur* continua sa lecture avec la même avidité. Quand je sortis du cabinet de lecture, il n'avait plus que quelques pages à lire; alors je me dis : quand je n'avais pas d'ennemis, je donnais mes livres à des amis qui ne les lisaient point; maintenant, que j'ai des ennemis, on achète mes livres et on les dévore! Ma foi, vivent les ennemis! seulement je ferai à celui-ci un mot de réponse. Car malgré l'attention avec laquelle il lisait ma brochure, il paraît ne l'avoir pas comprise : au lieu de m'accuser parce que je *me plains*, il aurait dû voir que je n'ai payé le théâtre et les journaux que pour acquérir le *droit de me plaindre* d'un abus devenu général, et que si je me plains, ce n'est pas pour mon compte, mais pour le compte des jeunes gens de talent que l'on opprime tous les jours en faveur d'un tas de charlatans de mon espèce... J'ai lu autrefois dans le *Journal des Artistes* un article où il était dit :

« *Ce tour de faveur que M. Hilbey a obtenu de la sorte, non pour le mérite de son œuvre, mais à prix d'argent, il n'a pu l'obtenir qu'aux dépens de vingt autres malheureux jeunes gens, à qui leur détresse ne permettait pas un pareil sacrifice.* Eh bien cela est très-vrai ; seulement, si je n'avais pas acheté ce *tour de faveur,* on ne l'aurait pas donné pour cela *aux malheureux jeunes gens,* qui sont dans *la détresse,* on l'aurait vendu à quelque autre imbécile semblable à moi, et qui lui ne l'aurait pas fait connaître ; en participant au mal qui était à son comble je ne l'ai point augmenté et j'ai donné les moyens de le détruire. Le même journal déraisonne donc complétement lorsqu'il ajoute : « *Selon nous, alors que M. Hilbey avait pu donner les mains à cette fâcheuse transaction, il eût été plus sage, plus digne, plus prudent de se renfermer dans le silence, au lieu de livrer à tous les échos de la presse le secret de sa propre faiblesse.* Certes je conviens que, dans mon intérêt propre, il eût été plus *sage, plus digne, plus prudent* de me *renfermer dans le silence* ; malheureusement, pour être égoïste à ce point, il faut être un auteur, et, comme je l'ai dit autre part, je ne suis pas un auteur, *je suis un garçon tailleur qui s'amuse* ; or cela ne *m'amuserait* nullement d'être égoïste et lâche, je ne *m'amuse* bien qu'à dire des vérités ! En disant de pareilles vérités, je me noircis, dites-vous : que m'importe? Croyez-vous donc que si les hommes qui se sont voués au progrès de l'humanité avaient donné tant d'attention à leur renommée, ils eussent fait de grandes choses ! non, tous ceux qui véritablement ont servi leur pays ont été flétris par lui !

Qu'on le comprenne bien, ma position n'est pas celle d'un homme qui vient dire : « J'ai du talent et l'on me repousse. » C'est celle d'un homme qui dit : je n'ai point de talent et l'on m'accueille; donc on repousse ceux qui ont du talent pour me donner leur place ! Si j'ai dit qu'autrefois les théâtres et les journaux m'avaient repoussé, ce n'était pas pour m'en plaindre, mais pour montrer que ces mêmes hommes qui m'ont accueilli pour mon argent, m'avaient repoussé lorsque je n'en avais point, et que par conséquent la cupidité seule les fait agir. Il serait même très-malheureux que j'eusse du talent pour la cause que je défends ; car ce serait une sorte d'excuse pour les journaux qui m'ont vanté et pour le théâtre qui m'a représenté, ils pourraient dire : si nous nous sommes fait payer, du moins nous n'avons pas trompé le public ; mais comment s'excuser d'avoir reçu de l'argent pour jouer une mauvaise pièce et pour vanter un mauvais livre? c'est voler à la fois le public et les auteurs de talent dont on usurpe la place, et enfin je prie mon critique de *la Tente* de demander à la Chambre des Députés si elle subventionne les théâtres royaux pour jouer des *cochonneries!*

La vérité.

Le soir même du jour où je reçus à *la Tente* cette plaisante confidence, je reçus chez moi le premier numéro d'une *Revue* qui venait

de paraître sous ce titre : *La vérité sur toutes choses*, et qui donnait
de ma brochure un compte-rendu vraiment indépendant : j'en vais
citer un fragment, non-seulement parce qu'il peint exactement la position dans laquelle je me trouvais en face des journaux, mais parce qu'il
renferme des considérations générales qui me semblent importantes :

Vénalité des journaux, par M. Constant Hilbey.— Sous ce titre a paru
ce mois-ci une brochure dont pas un journal n'a parlé et qui n'a été annoncée par aucun organe de la publicité. Elle est cependant pleine de révélations qui intéressent au plus haut point les journaux de toutes les couleurs et qui valaient bien la peine d'être réfutées. Que les gens signalés
par M. Hilbey cherchent à étouffer sa brochure par un silence systéma-
tique, nous le comprenons parfaitement ; mais que ceux qui ne sont pas en
cause, que les écrivains qui se sont toujours respectés, n'essayent pas de
combattre la fâcheuse influence que l'œuvre de M. Hilbey peut avoir sur
l'opinion publique, c'est ce que nous ne saurions comprendre.

« Qu'ils y prennent garde cependant, c'est la presse tout entière qui est
attaquée. L'accusation de vénalité que M. Hilbey porte contre les journaux
rejaillira sur ceux qui les rédigent, et tous ceux qui ne protesteront pas
contre de telles imputations pourront être compris dans cette réprobation
qui s'attache aux hommes faisant commerce de leur pensée et de leur
plume.

« Quant à nous, nous aimons à croire que les preuves de vénalité que
fournit M. Hilbey n'ont pas toute la portée qu'il paraît leur attribuer, et que
l'opinion publique a encore des organes qui ne se regardent pas comme
des boutiques où l'on détaille la gloire à beaux deniers comptants.

« Quoi qu'il en soit, nous remercions *l'ouvrier* d'avoir osé mettre à nu
une des plaies les plus honteuses de l'époque ; nous félicitons *le poète*
d'avoir répudié la gloire qu'il avait acquise à prix d'argent et d'avoir sa-
crifié son amour-propre d'auteur au désir d'éclairer le public sur les réputations frelatées qui se fabriquent dans les journaux. Oh ! si tous ceux qui
se sont illustrés par des réclames mensongères, par de vénales apologies,
par des contes absurdes que le public finissait par accepter comme vrais à
force de les entendre dire ; si tous *les Psaphon* de l'époque avaient la
franchise de M. Hilbey, que d'idoles seraient renversées, que de masques
tomberaient ! Masques de *grands poètes, de grands philosophes, de grands
hommes d'État*, masques *de patriotes*, masques *d'intègres politiques*,
tous masques de comédie enfin qui en tombant laisseraient voir l'homme
réel tout différent du personnage qu'il a représenté. Gloire donc à l'écrivain
qui n'a pas craint de dire au public (sachant bien cependant qu'il se mettait
au ban de la presse) : « Voici comment se fabriquent les réputations ; voilà
« comment se font les grands hommes ; je connais les ficelles de cette lan-
« terne magique pour m'en être servi moi-même ; ce qu'on a fait pour moi,
« soyez bien sûr qu'on l'a fait pour M. un tel et pour M. un tel ; que si leur
« réputation est plus grande, c'est que sans doute ils ont payé plus cher et

« plus longtemps ; je vous fais toutes ces confidences à la grande confusion
« de mon amour-propre, pour que vous ne vous laissiez point prendre à
« toutes ces jongleries et que vous vous rendiez compte par vous-même
« de toutes les choses qui vous intéresseront, n'acceptant jamais le juge-
« ment des autres et vous gardant bien d'humilier votre raison sous la lo-
« gique de ces écrivains qui tiennent boutique d'éloges et d'insultes
« publics. »   FAUVETTI.

Ah Monsieur, en parlant de la sorte, vous avez été bien hardi..... faut-il que, pour prix de votre courage, je sois obligé de détruire une illusion que, vous paraissez nourrir en disant *nous aimons à croire que les preuves de vénalité que fournit M. Hilbey n'ont pas toute la portée qu'il paraît leur attribuer.* Si j'attribue aux preuves que je donne plus de portée qu'elles ne paraissent en avoir, c'est que je sais beaucoup plus que je ne puis prouver... C'est que les journaux ne sont pas seulement funestes à l'art et à la littérature... Oh ! que ne puis-je faire passer la conviction dans l'âme du peuple, je lui dirais : défie-toi des journaux qui *se disent populaires*, car ce sont eux qui forgent ta chaîne, et s'ils ne succombent demain sous le poids de la réprobation, ils vivront assez pour détruire la dernière de tes libertés !

Les Affiches.

Trois mois s'écoulèrent de la sorte sans qu'aucun de ceux que j'avais accusés élevât la voix pour se défendre : je pensai que ce long silence montrait assez l'état de leur conscience... et serait contre eux une accusation de plus, au cas où ils viendraient à élever la voix, forcés par l'assaut que je leur préparais. Cet assaut, on sait quel il était : voyant que toute pudeur était morte chez les journalistes, je crus qu'un seul moyen me restait, et que c'était de ne pas me borner à signaler dans un livre leurs brigandages, mais de les afficher sur les murailles ! et d'écraser sous le ridicule ceux à qui l'infamie ne faisait plus rien !
Je fis donc imprimer des affiches disposées ainsi qu'il suit :

VÉNALITÉ
DES JOURNAUX.

RÉVÉLATIONS
ACCOMPAGNÉES DE PREUVES,
PAR
CONSTANT HILBEY (Ouvrier).
Auteur d'un *Courroux de poète* et d'*Ursus*.

SOMMAIRE :

. . . . *avocat populaire.— Comment se font les succès au théâtre. — Comment les feuilletonnistes rendent compte de pièces qu'ils n'ont pas vues. — La commission des théâtres royaux. — Le ministre de l'intérieur. — Comme quoi les théâtres royaux sont des coupe-gorge. — Appel aux jeunes auteurs.*
Combien coûte un éloge dans les journaux *la Patrie, le Courrier Français, la France; la Presse, le Siècle, le National, le Droit, la Gazette de France,* etc. Procès contre le vicomte de *Moléon*. — *L'avantage pour un ouvrier de faire plaider sa cause par un*

Brochure in-8°, prix 1 fr. — Chez tous les libraires.

Avant que de faire imprimer des affiches avec un sommaire, j'en avais fait placarder quelques-unes portant simplement le titre de ma brochure. Ces affiches, tout inoffensives qu'elles étaient, s'étaient trouvées couvertes immédiatement, et j'avais remarqué qu'un grand nombre avaient été ensevelies sous les affiches du journal *l'Époque*. On se souvient de ces grandes affiches lithographiées, sur lesquelles on voyait un homme portant un drapeau tricolore. J'aurais pu, usant de représailles, faire couvrir les affiches de *l'Epoque* comme *l'Epoque* avait fait couvrir les miennes; mais ce que je voulais, moi, ce n'était pas d'étouffer les journaux, c'était de répandre la lumière sur eux! Au lieu donc d'user de mon droit, je fis placarder mes affiches humblement *au bas* de celles de *l'Epoque*, de manière à cacher seulement ce qui s'y trouvait écrit, de sorte qu'on voyait un homme portant fièrement un drapeau tricolore et criant : *Vénalité des Journaux!* Toutefois, comme ces affiches se trouvaient sur les murs à une trop grande hauteur pour que l'on pût lire facilement le sommaire, j'eus soin d'en faire placarder d'autres plus bas. Elles eurent un succès effrayant (1). A peine furent-elles posées que le public s'attroupa pour

____

(1) Tous les exemplaires de ma brochure qui se trouvaient chez les libraires furent enlevés immédiatement, et douze libraires, avant la fin du jour, en envoyèrent demander chez mon libraire principal.

les lire. Je me glissai plusieurs fois dans les groupes pour entendre ce qui s'y disait. La première réflexion que j'entendis fut celle-ci : *diable, c'est vigoureux!...* Un jeune homme dit : *tiens, la Vénalité des Journaux qui prend l'Epoque par les pieds.* Un homme du peuple, après avoir lu tout haut *comme quoi les théâtres royaux sont des coupe-gorge*, dit à ses camarades : *en v'là un qui va se faire empoigner.* Doucement, mon ami, dis-je en moi-même, ce sont les théâtres royaux qu'il faudrait *empoigner!* Cependant, dans la crainte qu'on ne me prît pour les théâtres royaux et qu'on ne fît à ma brochure une mauvaise affaire, je courus en mettre bon nombre d'exemplaires à l'abri; j'en fus pour ma peine, et ma brochure et moi nous pûmes dormir en paix. Le lendemain j'allai voir si mes affiches existaient toujours; mais je ne trouvai plus que

des lambeaux affreux
Que des CHIENS dévorants se disputaient entre eux!

En terminant mon excursion, j'avisai sur le boulevard Poissonnière une de mes affiches qui avait échappé à l'œil des léopards, et devant laquelle un groupe était formé : m'étant approché, j'entendis une dame dire à un jeune homme : *Constant Hilbey est assigné! Ah!* répondit le jeune homme. *Par qui? — Par M. Granier de Cassagnac. Je l'ai lu ce matin dans le Constitutionnel. Quant à ce qu'il dit des autres journaux, il paraît que c'est vrai, car ils ne réclament pas. — Il ne parle pas du Constitutionnel ni de la Réforme. — Non.*

Voyant que les journaux en savaient plus sur mon compte que moi-même, j'allai leur demander de mes nouvelles, et je lus l'article que voici :

« M. Granier de Cassagnac a déposé aujourd'hui au parquet de M. le procureur du roi une plainte en diffamation en raison d'affiches placardées sur les murailles de Paris, annonçant la mise en vente d'un libelle intitulé *Vénalité de la presse*, par Constant Hilbey, ouvrier (1). »

(Journaux du 17 et du 18 octobre 1845.)

---

(1) Ou bien aucune plainte n'a été déposée par M. Granier de Cassagnac chez le procureur du roi, ou bien le procureur du roi a refusé de me poursuivre au nom du ministère public, car je n'ai reçu qu'une assignation à la simple requête de M. Granier de Cassagnac, encore cette assignation ne m'a-t-elle été envoyée que le 31 octobre, c'est-à-dire *quinze jours plus tard*, tant M. de Cassagnac eut de peine à se décider! Il est même très-probable qu'il s'en serait tenu là, si je m'en étais tenu là moi-même. Mais, pour l'encourager, je fis placarder encore *quatre cents* affiches !

La rédaction de cet article était la même dans tous les journaux, ce qui me fit voir qu'il leur avait été envoyé par M. Granier de Cassagnac ; quelques-uns seulement substituèrent le mot *brochure* à celui de *libelle* (1), ne se sentant sans doute pas la force d'appeler *libelle* un livre intitulé *Vénalité des journaux*. Ils se sentirent bien la force, toutefois, de se faire les complices de M. Granier de Cassagnac pour dénaturer mon titre : pourquoi *Vénalité de la presse* lorsque c'était *Vénalité des journaux*? parce que ce seul titre les effrayait, et *Vénalité de la presse* était un titre vague qui frappait les journaux moins directement, et pouvait même me nuire en faisant croire que je n'attaquais pas seulement les journaux, mais tout ce qui s'imprime. Pourquoi aussi *annonçant la mise en vente* d'un livre qui était en vente depuis *trois mois*? pour faire croire que M. Granier de Cassagnac n'en avait point eu connaissance plus tôt; et le soin qu'il prend pour le faire croire est précisément ce qui le trahit... Quoi, M. Granier de Cassagnac aurait ignoré, pendant trois mois, l'existence d'une brochure intitulée *Vénalité des journaux, par Constant Hilbey*, c'est-à-dire par un homme auquel M. de Cassagnac portait un si vif intérêt, qu'il avait tant vanté ! non, le soupçonner d'une telle indifférence ce serait lui faire injure, et moi je ne serais pas surpris que le premier exemplaire de ma brochure qui s'est vendu eût été acheté par lui. Mais voici **ce** qu'il s'était dit : Ce *jeune homme* me déshonore ; mais je l'aime trop pour lui faire du mal. Fermons les yeux sur sa mauvaise action. Si je voulais parler je l'écraserais sous la foudre de la vérité ! Mais ma générosité et ma *sainteté* veulent que je garde le silence... Il n'y eut que lorsque M. Granier de Cassagnac se vit affiché sur les murailles, et vit son propre porte-drapeau transformé en accusateur, lui crier au nez : *Vénalité des journaux !* qu'il se dit : Décidément ma générosité a beau m'aveugler, je ne puis m'empêcher de voir !... Il faut parler et déclarer que mon *protégé*, que je trouvais si *doux*, auquel je trouvais une âme si *généreuse* et si *forte*, que j'avais comparé à *Jéhova* (2), et qui plus est à *Victor Hugo !* n'est qu'un *libelliste* et qu'un *diffamateur*, qui répond à toutes mes bontés et à toute ma tendresse, aux grandes vérités que j'ai dites en sa faveur, par de *scandaleux mensonges* (3).

---

(1) La *Gazette de France* eut plus d'héroïsme et imprima *libelle* ! O Madame la *Gazette*, si celui que vous avez appelé autrefois *un phénomène* est devenu un infâme *libelliste*, ce n'est pas du moins à votre égard ! Vous devriez le savoir, par ce qu'il a dit de vous le *reçu* à la main !

(2) Voir la *Presse* du 18 novembre 1839.

(3) Voir l'*Epoque* du 21 novembre 1845.

Mes relations avec la Démocratie pacifique.

Il y a deux ans, avant de faire offrir à *la Réforme* l'éloge et les 40 fr. dont j'ai parlé, j'avais fait offrir ce même éloge et ces mêmes 40 francs à *la Démocratie*, qui avait tout refusé ; mais en refusant, *la Démocratie* m'avait fait dire de lui envoyer mon volume, dont elle rendrait compte si elle le jugeait à propos. Je fis tenir à *la Démocratie* deux exemplaires et elle n'en parla aucunement : ceci prouve contre mon ouvrage et non contre *la Démocratie*.

Plus tard, ayant fait représenter à l'Odéon une comédie, presque tous les journaux *m'éreintèrent ; la Démocratie* fit plus, elle garda le silence : ceci prouve contre ma pièce et non contre *la Démocratie*.

Plus tard, je publiai une brochure intitulée *La manière de faire recevoir une pièce au théâtre royal de l'Odéon* ; je n'envoyai point cette brochure aux journaux, sachant que c'était peine perdue ! mais elle eut une publicité assez grande pour qu'aucun d'eux n'en pût ignorer l'existence. *La Démocratie* n'en parla point : ceci prouve contre ma brochure et non contre *la Démocratie*.

Plus tard encore, lorsque je publiai ma brochure contre la *Vénalité*, un professeur de musique (M. Emile Chevé) étant venu me voir à cette occasion, me dit qu'il connaissait particulièrement les rédacteurs de *la Démocratie* et qu'ils ne rentraient point dans la catégorie des autres journalistes. M. Chevé me trouva d'abord incrédule : *la Démocratie* avait, à la vérité, refusé 40 francs que je lui avais fait offrir ; mais ce n'était pas pour moi une preuve suffisante, les journaux les plus rapaces refusent quelquefois de l'argent lorsqu'ils ne connaissent pas assez les personnes pour se fier à leur discrétion, ou lorsqu'ils ne leur connaissent pas une fortune assez grande pour faire beaucoup d'affaires, ne voulant pas se compromettre pour de petites sommes. Il y a une autre raison pour laquelle les journalistes refusent quelquefois de l'argent : chez ces hommes deux sentiments se combattent, la jalousie et la cupidité, et un courtier d'annonces m'a dit un jour : *C'est très-heureux que les journalistes soient encore plus intéressés que jaloux, car jamais un jeune homme ne pourrait réussir à se faire jour !*

Je pouvais donc croire que *la Démocratie*, en refusant mon argent, avait cédé à une crainte ou à un esprit de *camaraderie* plus fort chez elle que la cupidité. Cependant M. Chevé m'affirma que les rédacteurs de *la Démocratie* étaient des hommes probes et loyaux, et m'engagea vivement à leur adresser, de sa part, ma brochure qui, disait-il, serait une bonne fortune pour eux ! Enfin, reconnaissant dans M. Chevé un homme excessivement droit, je me décidai à écrire la lettre que voici :

A Messieurs les rédacteurs de *la Démocratie.*

Messieurs ,

« Monsieur *Émile Chevé*, ayant appris que je n'avais envoyé à aucun grand journal de Paris la brochure que je viens de publier sous ce titre : *Vénalité des journaux*, m'a engagé à vous l'adresser, en m'affirmant que vous êtes des journalistes honnêtes et probes ! Sur la parole de M. Chevé, qui est un homme d'honneur, je m'empresse de vous en adresser un exemplaire, laissant toutefois à M. Chevé la responsabilité de son opinion.

Cette lettre écrite, je me fis le raisonnement que voici : «Si les rédacteurs de *la Démocratie* ressemblent aux autres journalistes, je ne dois pas aller vers eux ; si, au contraire, ce sont des hommes probes, je ne dois pas les insulter. » Dans l'incertitude je n'envoyai ni brochure ni lettre.

Plus tard, M. Granier de Cassagnac ayant envoyé à *la Démocratie* l'article où il annonçait qu'il avait porté plainte contre moi, *la Démocratie* inséra l'article de M. Granier de Cassagnac. Si, jusqu'alors, *la Démocratie* avait ignoré l'existence de ma brochure, elle ne l'ignorait donc plus ; cependant elle n'en rendit point compte ; ceci prouve contre ma brochure et non contre *la Démocratie*. Plus tard enfin, la veille même du jour où mon procès devait se plaider, M. *Chevé* vint me voir et me montra un article de *la Démocratie* intitulé : *Le journaliste et la diffamation*, où, selon lui, on faisait allusion à moi. Voici un passage de cet article :

« Le journaliste vivifie toutes les entreprises, toutes les inventions, tous les chefs-d'œuvre, ou les paralyse et les tue, et l'on veut que cet homme refuse de rendre des comptes, et l'on veut qu'il soit interdit de lui dire :Vous êtes partial, intéressé , vendu !

Proclamons-le hautement, l'homme qui adresse à un journaliste de pareilles imputations, et qui les prouve, a bien mérité de la nation ! »

Je ne pense pas que ces paroles fissent allusion à moi, car rien n'aurait empêché *la Démocratie* de me nommer, mais elles me semblèrent nobles ! C'était suffisant pour me pénétrer !

M. Chevé me demanda si je voulais qu'il avertît *la Démocratie* que mon procès devait se plaider le lendemain : non-seulement j'acceptai, mais je donnai à M. Chevé une brochure en le priant de la remettre de ma part à *la Démocratie Pacifique*, non pour qu'elle en rendît compte, presque deux éditions s'étaient écoulées et mes affiches avaient eu plus de publicité que n'en ont ensemble tous les journaux; je n'avais donc plus besoin du secours de personne, et c'est parce que je n'avais plus besoin de secours que j'envoyai si volontiers ma brochure à *la Démocratie*, sachant que cela ne pouvait lui prouver qu'une chose, ma sympathie pour les sentiments qu'elle venait d'exprimer !

Quelques jours après M. Chevé me communiqua une lettre de *la Démocratie* où les rédacteurs lui demandaient de me faire connaître à eux. Je me rendis avec M. Chevé à cette invitation. Quand on me présenta à M. Considérant, je le trouvai, à ma grande surprise, en train de terminer un compte-rendu de ma brochure. Je n'ai qu'à me louer et de l'accueil de M. Considérant et de tout ce qu'il a dit de moi; mais il me reste une question à m'adresser, question difficile à cause de la position dans laquelle je me trouve avec *la Démocratie*, mais il ne faut reculer devant aucune vérité. Quand *la Démocratie* a pris ma défense je n'étais plus inconnu, et ma position en face des journaux était même devenue telle, que *la Démocratie* avait peut-être intérêt à se mettre de mon côté... Si un jeune homme entièrement inconnu, ayant des abus à faire connaître ou un talent à mettre au jour, s'adressait à *la Démocratie*, l'accueillerait-elle ? En vérité je l'espère; mais je n'en suis pas certain.

————

Au moment de mettre sous presse, je viens de lire dans la *Démocratie* du 16 mars 1845, un article relatif à mon procès contre M. de Moléon, duquel je n'avais point eu connaissance; s'il m'eût été connu, je n'aurais jamais mis le pied dans les bureaux de *la Démocratie pacifique*. Voici cet article :

« La gloire ne s'acquiert pas aussi chèrement qu'on le croit, on peut en avoir une fort belle pour 500 francs; à ce prix on a même le droit d'exiger beaucoup de ceux qui la font. Un procès curieux s'engageait hier à cette occasion devant le tribunal de la Seine.

M. Constant Hilbey, auteur d'un recueil de poésies ayant pour titre : *Un courroux de poète*, n'eut pas la patience d'attendre les éloges, il voulut les provoquer, il chargea donc M. de Moléon, directeur d'une revue obscure, de lui fabriquer dans un journal considéré, et moyennant 500 francs, un brillant compte-rendu de son livre; le compte-rendu parut, il était magnifique, mais hélas ! sur la quatrième page, c'est-à-dire au milieu des annonces du chocolat Meynier et du taffetas Leperdriel. M. Constant Hilbey attaquait donc M. de Moléon en restitution de 500 fr., attendu que les coups d'encensoir n'avaient pas été portés dans un endroit honorable et digne de l'idole ! L'avocat de M. de Moléon a donné lecture d'une lettre de M. Constant Hilbey, qui pourra servir à l'histoire des mœurs littéraires de notre temps ! On y lit, etc. »

La Démocratie a dit, en rendant compte dernièrement de ma brochure, que j'étais *un homme de beaucoup d'esprit*. Comme on le voit, le 16 mars 1845, j'étais encore, selon *la Démocratie*, un imbécille que l'on couvrait de *chocolat Meynier !* Il serait bon de s'entendre à ce sujet et de savoir si l'esprit m'est venu à vingt-neuf ans, ou si *la Démocratie* vient de le perdre?.. *La Démocratie* a dit, dans le même compte-rendu, qu'elle avait toujours combattu la vénalité. Eh bien, si elle l'a toujours combattue avec cette force, il faut convenir que la vénalité lui doit assez de reconnaissance! Car l'article qu'on vient de lire est un éloquent plaidoyer en sa faveur! En effet, dans cet article, le mauvais rôle est donné non à celui qui se fait payer, mais à celui qui paie; or, répondez, s'il vous plaît, à cette simple question : Quel est l'homme *vénal* de celui qui paie ou de celui qui reçoit? Personne n'osera dire que c'est celui qui paie. Eh bien, c'est à celui qui n'est pas vénal que s'attaque *la Démocratie*, et elle appelle cela combattre la vénalité! Mais, allez-vous me dire, si vous n'étiez pas vénal, vous étiez charlatan en payant pour obtenir des éloges que vous ne méritiez pas. Nous allons voir si *la Démocratie* m'en voulait si fort parce que j'étais un charlatan ou parce que je voulais dévoiler le charlatanisme. Lorsque je fis offrir à *la Démocratie*, il y a deux ans, quarante francs qu'elle refusa, mon éloge parut dans beaucoup de journaux, et *la Démocratie* ne put ignorer à quel prix! Se souleva-t-elle contre ces journaux et contre moi? nullement. *La Démocratie* n'en voulait donc pas plus au charlatanisme qu'à la vénalité.

Plus tard je signalai les abus qui se commettaient à l'Odéon : *la Démocratie* se souleva-t-elle contre ces abus? non. Il n'y avait rien dans cette affaire qui pût me rendre assez ridicule. C'était là une plaie qu'on ne pouvait couvrir avec du *taffetas Leperdriel*. Mais je fais un procès qui ne peut avoir d'autre but que de démasquer les trafics des journaux : ce procès, grâce à mon avocat qui me trahit, se trouve présenté d'une manière ridicule : alors *la Démocratie*, qui ne voit ni n'entend rien, entend et voit tout cette fois! Elle frappe sur moi, non parce que j'ai acheté des éloges, puisqu'elle le savait depuis longtemps, mais parce que je fais savoir que j'en ai acheté. Elle épargne le journaliste qui se trouve découvert malgré lui, pour frapper sur le jeune homme qui *intente* le procès et veut tout découvrir... Elle n'attaque personne que moi, elle ne nomme pas le *Journal des Débats*, elle l'appelle un *journal considéré*; elle n'ose pas défendre ouvertement M. de Moléon, mais elle fait entendre qu'il a eu raison de se faire payer, puisque je n'avais pas *eu la patience d'attendre les éloges*.

Ah ! Messieurs, il fallait me dire que, n'ayant point de talent, je ne devais pas aspirer à des éloges ! Mais me dire d'en attendre ! Eh ! de qui donc, s'il vous plaît, puisqu'il n'y avait dans Paris que vous qui en donniez !

Mais vous saviez très-bien que je méprisais profondément tous ces éloges ! Et celui que vous attaquiez en moi n'était pas le charlatan, mais l'ennemi des charlatans !

Vous vous êtes dit : Voici un *ouvrier* qui veut se mêler de réformer des abus : il s'est attaqué aux théâtres, il veut s'attaquer aux journaux; mais c'est le *pot de terre*, il ne faut qu'un coup de pied pour le mettre en morceaux, donnons ce coup de pied ! Eh bien, Messieurs, vous vous êtes trompés, et ce pot de terre a tellement résisté à tous les chocs que vous en êtes venus à vanter par politique celui que vous n'avez pu briser ! Ce sont là, sans doute, de dures vérités; mais je me suis fait pendant cinq ans hypocrite par amour de la vérité, jugez si je puis la trahir maintenant !

Premier procès.

L'affaire à moi intentée par M. Granier de Cassagnac fut appelée le 14 novembre et remise à-huitaine. A la sortie de l'audience M. *Émile Chevé*, dont j'ai parlé déjà, me présenta un jeune avocat, M. Dain, lequel ayant vu que je m'étais présenté pour plaider moi-même, m'offrit de plaider pour moi gratuitement; je le remerciai et lui dis que je tenais à me défendre moi-même. « Ne craignez rien, me dit-il, tous les avocats ne sont pas des *Arago* ! » Je ne savais si tous les avocats étaient ou non des *Arago*, mais ce n'était point ce qui m'occupait, car je savais que l'avocat le plus *Arago* n'aurait plus osé être *un Arago* à mon égard.

« Si je plaidais, me dit M. Dain, loin de *demander pardon* pour vous, j'appuierais sur vos dénonciations ! » Ce langage me plut, et voyant que M. Dain ne faisait point de ma défense un pacte d'intérêt, je la lui eusse confiée bien volontiers; mais j'avais, dans une brochure intitulée : *Plaidoyer de Constant Hilbey*, déclaré que je me défendrais moi-même, et envoyé à l'adresse des avocats quelques lignes peu flatteuses; et si je ne voulais point ravir à un homme l'occasion de faire entendre des vérités, je ne voulais pas non plus me départir de l'opinion, trop juste, que j'avais émise contre les avocats.

Et puis, il faut le dire, lorsque j'avais eu besoin du secours de quelqu'un pour démasquer des fourberies, je n'avais trouvé que des gens pour m'écraser; et maintenant que j'avais réussi, je n'étais point jaloux de partager mon succès ;..... et je voulais défendre tout seul l'œuvre que tout seul j'avais accomplie ! C'était de l'orgueil, va-t-on dire, tant pis, c'était cela !

J'étais donc demeuré dans le dessein de plaider moi-même, lorsque je reçus une lettre de M. Chevé, où il me disait : *Depuis vendredi, j'ai beaucoup causé de votre affaire avec mon ami Dain, cet avocat que je vous ai présenté l'autre jour ; il partage ab-solument vos idées et je serais bien aise que vous le vissiez. Cela n'engage à rien, allez chez lui, causez aussi longuement que vous le voudrez, puis ensuite agissez suivant votre inspiration.* J'allai chez M. Dain ; mais je commençai par lui déclarer que je me dé-fendrais moi-même et que je venais uniquement pour lui adresser mes re-mercîments. M. Dain me fit observer qu'en plaidant moi-même je ne pourrais rien dire *en ma faveur*, au lieu qu'un avocat ferait ressortir ce qu'il y avait de beau dans ma conduite ; ainsi, il me dit que s'il plai-dait, il définirait ce que j'avais fait : *le guet-apens de la vertu contre le vice.* J'avoue que cette définition me plut ; mais c'est parce qu'elle me plut que je me tins en garde contre moi-même. Le public, dis-je à M. Dain, ne saurait pas que vous plaidez ma cause par sympathie, et il dirait avec raison : « Tiens, Constant Hilbey ne paie plus les journaux pour se faire vanter, mais il s'y prend d'une autre manière, il fait chanter sa louange par un avocat. »

M. Dain trouva des raisons pour combattre les miennes, il m'appela même *âme timorée* ; rien n'y fit et je le quittai sans avoir changé de ré-solution ; mais le lendemain *M. Chevé* vint me voir et s'appliqua à me prouver que j'avais tort de ne pas confier ma défense à M. Dain ; je craignis enfin que mon opiniâtreté ne cachât un profond égoïsme !..... et je cédai.

Lorsque M. Dain eut les pièces et qu'il fut arrêté qu'il plaiderait, la contradiction de ma conduite se montra à moi dans toute son étendue. Je me demandai de quel front je dirais désormais : je ferai telle chose, lorsque le public saura qu'on ne peut se fier à ma parole et croira que m'étant contredit une fois, je puis me contredire toujours. Je sentis que je n'aurais plus le courage de parler, et qu'une circonstance en apparence si futile pourrait exercer sur mes idées et sur ma vie la plus fatale influence ! Peut-être trouvera-t-on étrange que moi, qui fais si peu de cas du jugement des hommes, je fusse, en une circonstance si peu grave, si craintif devant le public : c'est que je brave le jugement des hommes lorsqu'il est injuste, mais que je le redouterais s'il se tour-nait avec justice contre moi. Je ne tiens pas à obtenir l'estime des hommes, mais je tiens à la mériter ; je tiens à ce qu'ils ne puissent me la ravir sans me faire un vol. Alors je m'armai d'un cœur d'airain, et j'écrivis à **M**. Dain la lettre que voici :

Monsieur,

« Sur les sollicitations de **M**. Chevé et dans le désir de vous être agréable, j'ai pu consentir à vous charger de ma défense, c'est-à-dire à me mettre en contradiction totale avec moi-même ; mais à la réflexion j'ai vu tout mon tort, et malgré le plaisir que j'aurais à être défendu par un homme de talent et de cœur comme vous me paraissez l'être, je prends la résolution, cette fois inébranlable, de me défendre moi-même. Si vous êtes juste, Monsieur, loin de m'en vouloir de revenir à ma première résolution, vous me saurez gré d'en avoir un instant changé en votre faveur. »

Le 21 novembre je me présentai de nouveau à la police correctionnelle, j'avais contre moi un avocat que l'on disait redoutable, M. Léon Duval. Hélas ! voilà bien encore un effet des réclames ! M. Léon Duval a une réputation , et grand Dieu ! quelle éloquence !... Que ne puis-je rendre compte de sa plaidoirie, ainsi que du discours de M. le procureur du roi ! mais la loi m'impose le silence.. tout ce qu'elle me permet, c'est de citer le jugement.

« Attendu qu'il résulte des débats, pièces et documents produits, que, dans le courant de 1845, le sieur Hilbey a inséré dans une brochure un article ainsi annoncé dans le sommaire : « **Un article de M. Granier de Cassagnac pour 4 couverts et 6 petites cuillers d'argent** (1). »

« Qu'il a répété le même sommaire dans des placards apposés au-dessous de ceux qui annoncent le journal l'*Époque* ;

« Que le fait imputé est de nature à porter atteinte à l'honneur et à la considération de Granier de Cassagnac, et qu'il a été rendu public par les moyens sus-énoncés ;

« En ce qui touche Bautruche, attendu que, si, dans l'état de nos mœurs et de nos libertés publiques , notamment de la liberté de la presse, une grande latitude doit être laissée aux imprimeurs, cette latitude doit s'arrêter là où l'abus commence ;

« Que, pour les imprimeurs, ce sont de pures questions de fait qui doivent se résoudre d'après les circonstances ;

« Et attendu que la couverture de la brochure et les placards dont il s'agit, sortant de l'imprimerie de Bautruche, énoncent le fait diffamatoire,

---

(1) Le tribunal refusa d'entendre deux témoins que j'avais fait appeler pour prouver la vérité des faits.

de telle manière et en caractères tels qu'il est impossible à l'œil même le moins attentif de s'y méprendre ;

« Qu'ainsi Bautruche ne peut prétexter cause d'ignorance, et qu'il a su évidemment qu'il prêtait son concours à une action coupable ;

« Qu'il suit de ce qui précède que Hilbey s'est rendu coupable du délit de diffamation et que Bautruche s'en est rendu complice ;

« Vu la loi du 17 mai 1819 (articles 18 et 24) ;

« Condamne Hilbey à quinze jours d'emprisonnement ;

« Condamne Bautruche à 200 fr. d'amende ;

« Statuant sur les dommages-intérêts, donnant acte à Granier de Cassagnac, présent en personne, de son désistement à l'égard de ceux qu'il réclamait, sauf toutefois l'insertion et l'affiche du jugement ;

« Attendu que ces moyens de publicité sont de nature à réparer le mal, autant que possible, en l'atteignant dans sa source même ;

« Ordonne que le présent jugement sera inséré dans quatre journaux, au choix de Granier de Cassagnac, par extrait contenant ses motifs et son dispositif ; ordonne que le même extrait sera affiché au nombre de cinquante exemplaires, et condamne Hilbey et Bautruche, solidairement, aux dépens, dans lesquels entreront ceux d'insertion et d'affiche ;

» Fixe à six mois la contrainte par corps. »

Lorsque le président prononça ce jugement, une seule chose m'occupait, c'était de savoir s'il allait y faire entrer le texte de *la diffamation*; mais lorsque j'entendis ces paroles : « un article de M. Granier de Cassagnac, etc., » je n'écoutai plus autre chose. En sortant de l'audience, plusieurs personnes me dirent : « Vous allez appeler de ce jugement ? — Moi, répondis-je, Dieu m'en garde, je serais bien fâché qu'on y changeât un mot!... » Le lendemain, presque tous les journaux donnèrent le jugement ; *le National* et *le Siècle* ne l'insérèrent point: *le National* trouva qu'il n'était pas bon de mettre de pareilles choses sous les yeux du peuple... il se borna à annoncer ma condamnation et dirigea même une légère attaque contre mon imprimeur, M. Bautruche, qui, dit-il, *n'avait pu exciper de sa bonne foi.*

Eh bien! demandez au *National* ce qu'il pense de moi, il vous dira que « j'ai jeté de la boue sur la presse et qu'en attaquant mon imprimeur c'est la presse qu'il défend. » Il vous trompera ; ce qu'il défend c'est la *Vénalité*, et en attaquant un imprimeur, ce qu'il attaque c'est la presse véritable, c'est-à-dire la liberté de la presse ! Quoi! j'ai publié contre le *National* des faits que lui-même reconnaît vrais... puisqu'il n'a pas répondu... et au lieu de faire mon éloge pour avoir publié des vérités utiles au *Peuple*, sa colère est telle qu'il frappe sur mon imprimeur, ne pouvant frapper sur moi.... Pour que l'on ne pût mettre au jour ses méfaits, il voudrait étouffer la liberté de la presse ! A-t-on jamais vu pouvoir plus tyrannique !

Le *Journal des Débats* rappela que j'étais l'auteur d'*Ursus* : pourquoi n'a-t-il pas rappelé, ce qui était bien plus utile, que l'Odéon, après m'avoir pris huit cents francs pour jouer cet *Ursus*, *m'a fait faillite de quinze représentations !* M. Bertin, rédacteur en chef des *Débats*, ne doit pas l'ignorer, puisqu'il est membre de la commission des théâtres royaux, laquelle m'a fait aller à Meaux chercher des preuves dont elle n'a pas voulu se servir !

Le *Journal des Débats* a dit aussi que j'avais déclaré à l'audience être âgé de 35 *ans*, tandis que j'ai déclaré être âgé de 28 *ans*.

Ce journal aurait-il parmi ses abonnés quelque bonne âme qui désire ma mort ? S'il en est ainsi, qu'elle ne s'afflige pas trop, car j'ai commis moi-même une erreur, et je suis âgé de 29 *ans*; mais j'ai été tellement *occupé* pendant cette dernière année que j'avais oublié de la compter.

Plusieurs journaux parlèrent de mes affiches et les appelèrent *immenses*. Ces affiches étaient cependant d'une dimension fort ordinaire. Avouez, Messieurs les journalistes, que la matière qu'elles contenaient vous a éblouis, et vous les a fait voir plus grandes qu'elles ne l'étaient !

Le Charivari se plaignit de ce que je n'avais pas été condamné assez sévèrement, du moins en comparaison de M. Félix Pyat, condamné par le même tribunal à six mois de prison *pour ne s'être attaqué* (dit le *Charivari*) *qu'à l'homme public étudié dans ses écrits*, tandis que ma brochure *contenait des faits personnels et privés*. Comme on le voit, *le Charivari* n'a point envie que de tels faits soient considérés comme actes de la vie publique, afin sans doute qu'on ne puisse lui en imputer de pareils !... *Le Charivari* demande ensuite: *cela veut-il dire que M. Constant Hilbey est douze fois plus recommandable que M. Félix Pyat, ou que M. Granier de Cassagnac l'est douze fois moins que M. Jules Janin?* Le but du *Charivari* n'est point assurément de prouver que M. Granier de Cassagnac, dont il est assez l'ami, est douze fois moins recommandable que M. Jules Janin, mais de prouver que j'ai douze fois moins de valeur que M. Félix Pyat. Eh bien ! j'ai peut-être cent fois moins de valeur que M. Pyat, dont je dirais ici beaucoup de bien s'il n'écrivait dans le *Charivari !* Mais c'est un triste spectacle que de voir ainsi les écrivains se peser l'un l'autre pour savoir lequel vaut un centime de plus. Je comprends que ceux qui aspirent à se vendre s'inquiètent du prix qu'ils valent; mais pour moi, ne me pesez jamais, je ne suis pas à vendre. Oh! si les écrivains, au lieu de se peser ainsi, se mettaient tous dans une balance commune pour l'emporter sur le mal, nul alors ne serait inutile, et le plus faible aurait son prix! Mais je suis bien bon encore de prêcher ainsi, et je ne songe pas que demander à des journalistes de n'être plus jaloux, intéressés, malveillants, c'est demander à des loups de devenir moutons!

Deuxième et troisième procès.

Après le jugement qui m'a condamné à quinze jours de prison pour diffamation, M. Granier de Cassagnac m'a appelé dans *l'Époque*, pendant huit jours consécutifs, *le diffamateur Hilbey*. Cela ne me fâchait pas, au contraire, puisque diffamateur veut dire destructeur de réputations; c'est peut-être un beau titre à une époque où toutes les réputations sont usurpées! aussi me gardais-je bien d'intenter un procès à M. Granier de Cassagnac pendant qu'il me traitait ainsi, dans la crainte de le faire cesser; mais lorsque je vis qu'il m'avait abandonné, qu'il ne m'appelait plus *le diffamateur Hilbey*, j'envoyai une assignation au gérant de *l'Époque*. Certes, si j'avais craint le titre de *diffamateur* je me serais bien gardé de faire un procès à ce sujet, car je venais d'avoir sous les yeux un exemple qui me montrait que ce titre serait reproduit dans le jugement; mais, je l'ai dit, il me plaisait, et j'aurais presque fait un procès rien que pour le faire reproduire. Le procès que j'intentai n'avait point cependant un but si futile : je voulais mettre sous les yeux du public un jugement qui montrât bien clairement ce que c'est que la *diffamation;* je voulais faire condamner le gérant de *l'Époque comme diffamateur, pour m'avoir appelé diffamateur*, afin que l'on vît que puisque j'avais été déclaré diffamateur par le tribunal et que néanmoins *l'Époque*, en m'appliquant ce titre, avait commis le délit de *diffamation*, ce n'est pas le mensonge, mais la vérité que punit cette loi! Je ne m'en tins pas là. L'*Époque* annonça le procès, et la loi de septembre dit que les journaux ne peuvent annoncer les procès en diffamation que *sur la demande du plaignant.* Or j'étais le *plaignant*, et comme je n'avais point autorisé *l'Époque* à annoncer ce procès, je lui en intentai un second! Quand un pays a de

bonnes lois, on ne doit pas négliger de les faire briller de tout leur éclat;
je voulais montrer tout le mérite de la loi de septembre et je fis, en
vertu de cette loi, un procès qui n'avait point encore eu de précédent!
Quel but, direz-vous, peut avoir la loi en interdisant au *prévenu* d'annoncer la plainte formée contre lui? Elle a un but très-clair. Comme
ce que l'on veut, avant tout, c'est de faire passer pour un calomniateur
celui qui a dit la vérité, et pour un *saint* celui qui a péché ; comme
enfin les débats de ces sortes de procès ne peuvent être publiés , le
plaignant a souvent intérêt à ce qu'on n'éveille pas l'attention du public sur des faits qui portent *atteinte à son honneur*, et qu'on n'attire
pas à l'audience une trop grande affluence de monde... Or je me trouvais dans ce cas; il m'importait qu'on ne fît pas une réclame en faveur
des numéros de l'*Epoque*, dans lesquels j'étais diffamé.... et que l'on
n'attirât pas à l'audience l'attention d'une cinquantaine de personnes ,
sur des injures qui m'avaient été dites *en secret dans l'Epoque*. Ce
second procès était tellement fondé que les juges n'en ont pas compris
la nature, comme on va voir par le jugement.

« En ce qui touche la prévention de compte-rendu illégal d'un jugement
précédemment rendu par le tribunal; attendu que la publication incriminée n'est pas dans les conditions de l'article 10 de la loi du 9 sept. 1835 ,
pour constituer le délit qu'il réprime, renvoie Solar quant à ce chef.

« En ce qui touche la diffamation :

« Attendu qu'en publiant, après le jugement qui avait puni Hilbey pour
diffamation, les numéros de l'*Epoque*, qui donnent audit Hilbey le titre de
diffamateur, ce journal s'est rendu lui-même coupable de diffamation ;

« Que l'*Epoque* ne peut se faire un motif dirimant de ce qu'un journal
étranger aurait fait figurer le nom d'Hilbey dans la polémique (1) ;

« Mais attendu qu'Hilbey n'a éprouvé aucun préjudice, condamne le gérant
de l'*Epoque* à 25 francs d'amende et aux dépens.

Comme on voit, mon but fut parfaitement attteint; seulement, comme
je l'ai dit, la nature du second procès ne fut pas comprise; on crut qu'il
avait pour cause une infidélité de compte-rendu. C'est qu'en effet
M. Granier de Cassagnac avait commis une petite infidélité en insérant
dans l'*Epoque* le jugement qu'il avait obtenu contre moi : il avait sup-

---

(1) L'avocat de l'*Epoque* et le procureur du roi prétendirent que j'étais l'auteur des articles publiés dans la *Démocratie pacifique* à l'occasion de mon
procès : *la Démocratie* a protesté contre cette allégation , et je joins ici mes
protestations aux siennes : je n'ai jamais écrit un mot dans la *Démocratie Paci*
fique.

primé les *quatre couverts et les six petites cuillers d'argent*; comprenant la peine qu'il devait éprouver de s'être réduit lui-même à publier dans son propre journal ce que, selon lui, j'avais trop *publié* déjà, je ne lui fis aucun reproche; mais lui qui, apparemment, se reprochait quelque chose, pensa que je l'attaquais en *infidélité* de compte-rendu, et son avocat, pénétré de cette pensée, malgré la clarté avec laquelle mon avocat, M. Dain (1), exposa la question, se défendit de toute autre chose que de ce qu'on lui reprochait, et les juges déroutés par sa plaidoirie, dirent que la *publication incriminée n'était pas dans les conditions de l'article* 10, tandis qu'au contraire elle s'y rapportait directement. J'aurais pu appeler de ce jugement, et j'eusse gagné sans doute, puisque la loi est formelle à cet égard; mais on se lasse de tout, même d'admirer les lois de septembre !

Maintenant je déclare ceci : j'ai fait des procès à l'*Epoque* en vertu de la loi de septembre sur la presse et de la loi de 1819 sur la diffamation, parce que ce journal étant comme moi .. grand partisan de ces lois, on ne peut trop lui en faire goûter !... Mais c'est une préférence que je n'accorde qu'à lui, et pour le prouver, je permets ici à tout le monde de m'appeler *un diffamateur !*

De la diffamation.

Voici le texte de la loi sur la diffamation :

« Toute allégation ou imputation d'un fait qui porte atteinte à l'honneur ou à la considération de la personne ou du corps auquel le fait est imputé, est une diffamation.

« Nul ne sera admis à prouver la vérité des faits diffamatoires. »

Ainsi qu'un misérable calomnie un honnête homme, l'honnête homme ne sera pas admis à prouver qu'il a été calomnié, car pour la même raison que le diffamateur ne peut prouver que ce qu'il a dit était vrai,

---

(1) Cette fois, pour réparer mes torts envers M. Dain, je lui demandai de plaider ma cause, ce qu'il fit avec éloquence et sans aucun motif d'intérêt.

le diffamé ne peut prouver que ce qu'on a dit de lui était faux. Des deux côtés il y a préjudice pour l'honnête homme et profit pour le fripon ; les législateurs ont sans doute eu leursraisons et je n'ai pas à les apprécier... L'un des orateurs qui ont porté la parole dans les discussions qui ont précédé le vote de cette loi en 1819, M. Royer-Collard, a dit :

La diffamation est-elle calomnieuse ? Non, car elle ne l'est pas toujours ; le principe de la loi est qu'il n'est pas permis de publier la vérité sur la vie privée.

Cet orateur a commis une erreur (volontaire ou involontaire, je l'ignore) ; car si cette loi avait voulu simplement qu'il fût interdit de publier la vérité sur la vie privée, elle aurait admis la preuve des faits afin de permettre à l'honnête homme de se laver des imputations dirigées contre lui et de punir différemment la vérité et le mensonge, on aurait, si l'on avait voulu, puni la vérité plus sévèrement que le mensonge, puisque la vérité est si fort détestée ; mais en la punissant on aurait fait savoir que c'était elle qu'on punissait. De même qu'en condamnant un malfaiteur on explique dans le jugement s'il a tué ou volé, on aurait expliqué si l'écrivain accusé comme diffamateur avait menti ou dit la vérité, et en faisant connaître la nature du délit, on aurait montré pour l'homme *coupable de vérité* des égards au moins pareils à ceux que l'on a pour un assassin ! On n'aurait pas, enfin, employé le mot *diffamation* qui est sans cesse confondu avec *calomnie*, parce qu'en effet il devrait signifier calomnie. On voit dans le Dictionnaire français que *diffamer* veut dire *déshonorer*, et qu'*honneur* veut dire *vertu, probité*. Or comment veut-on, si *honneur* veut dire *vertu*, si l'honneur résulte des bonnes qualités qu'on a et des bons actes que l'on fait, que l'imputation d'un fait vrai soit une diffamation, puisque, si la loi permettait la preuve, ce fait montrerait que celui auquel il est imputé n'a pas de *vertu*, pas de *probité*, pas d'*honneur*, et on ne peut déshonorer un homme qui n'a pas d'honneur. Qui calomnie déshonore, car il porte atteinte à un *véritable honneur* ; mais qui dit la vérité ne *déshonore pas*, ne *diffame* pas, il *démasque*.

Voici donc l'esprit de la loi :

« Toute *vérité* qui porte atteinte au *faux honneur* ou à la considération *usurpée* de la personne à laquelle la vérité est appliquée, est une *calomnie*. »

Ou mieux :

« Toute *vérité* qui porte atteinte à la fourberie et à l'hypocrisie de la personne à laquelle la vérité est appliquée, est un *mensonge*. »

Je propose à MM. les députés de voter cet article, ce sera rendre un grand service au *pays* qui ne comprend pas suffisamment la loi sur la diffamation.

Réponse au Siècle.

Parmi tous les journaux que j'ai accusés, *le Siècle* seul a parlé...; mais aussi a-t-il parlé deux fois. Voici comment j'ai réfuté son premier article, dans une brochure intitulée : *Plaidoyer de Constant Hilbey* :

« Depuis trois mois que ma brochure est publiée, aucune inexactitude ne m'a été reprochée ; les journaux ne pouvaient nier sans doute que je les eusse payés, puisque j'ai publié leurs *reçus* ; mais on pouvait contester des détails dont je n'avais pas la preuve. Eh bien ! loin de là, plusieurs ont été confirmés : ainsi, j'ai dit que beaucoup de feuilletonnistes, au nombre desquels se trouve M. Hippolyte Lucas, avaient rendu compte de ma pièce, *Ursus*, sans la connaître. Voici ce qu'on lisait dans le *Siècle* du 29 octobre dernier.

« L'auteur d'une petite comédie, jouée autrefois à l'Odéon, nous accuse
« dans une brochure d'avoir loué sa pièce sans l'avoir vue, sur la foi d'un
« volume de poésies dont nous avons eu la bonté de rendre compte à cette
« occasion : *il doit avoir raison ;* si nous avions entendu quatre vers du
« genre de ceux-ci :

> Sans ma permission devenir amoureuse !
> Et mépriser ainsi, *femelle scandaleuse,*
> Celui que dès longtemps lui destine mon choix
> Pour un *je ne sais qui* qu'elle a vu quatre fois,

« il est certain qu'avec la meilleure volonté du monde nous n'aurions pas
« eu la force de les louer. Quel ingrat que ce Monsieur ! »

« Or, écoutez ce qu'avait dit M. Hippolyte Lucas dans son compte-rendu de ma pièce, et croyez un mot de ce que disent les journaux !

« ..... Monsieur Constant Hilbey a résolu d'aborder le théâtre et il l'es-
« saie avec succès : ce n'est pas que l'intrigue de sa comédie brille par la
« force comique ; mais il a apporté un vers franc et décidé dans lequel s'a-
« gite par moments l'hyperbole mordante des satiriques. Qu'exiger de plus
« d'un essai ? l'art de faire une pièce s'apprend, tandis que *le style est un*
« *don.* »

« Sans doute, si je n'avais écouté que ma vanité qui avait été flattée de ces éloges, je ne les aurais pas répudiés ; et en vous accusant, Monsieur, je n'ai pas été ingrat, mais juste ; d'autant plus juste qu'il m'en a coûté pour l'être.

Il y a une autre question à laquelle *le Siècle oublie* de répondre. Je l'ai accusé d'avoir rendu compte de ma pièce sans la connaître ; mais je l'ai accusé aussi de m'avoir vendu des éloges ; et voici ce que je lui faisais dire le 14 décembre 1844 :

« Le comité de lecture de l'Odéon, dont *l'activité et le bon goût ne se* « *démentent pas*, a reçu à l'unanimité une comédie en vers intitulée *Ursus*, « de M. Constant Hilbey, elle sera représentée sous peu de jours et par tour « de faveur. »

« Or, comment ce Comité, dont *le bon goût* ne se démentait pas, a-t-il fait pour recevoir *à l'unanimité* une comédie que vous trouvez aujourd'hui si mal écrite ? c'est que j'avais donné 800 *francs* à M. Lireux pour que le Comité trouvât mon style charmant, et que j'avais donné 12 francs au *Siècle* pour qu'il trouvât du *bon goût* au Comité.

« Ainsi, je dis au *Siècle* : « Vous m'avez vendu des éloges. » *Le Siècle* me répond : « Vous faites de mauvais vers. » Mais, malheureux, c'est justement pour cela qu'il ne fallait pas me vendre des *éloges !*

M. Hippolyte Lucas ne fut pas, apparemment, satisfait de cette première réponse ; car il revint à la charge dans *le Siècle* du 1ᵉʳ décembre 1845.

Je vais analyser son article.

Nous devons un mot à M. Hilbey, soi-disant ouvrier tailleur. Pourquoi soi-disant ? Le *Journal des Débats* et la *Gazette de France*, m'ont aussi appelé M. Hilbey *se disant ouvrier* : seriez-vous, par hasard, trop honteux, Messieurs les journalistes, de vous voir tous démasqués par un ouvrier, *qui emploierait mieux son temps à faire de bons habits qu'à faire de mauvaises brochures !* Je sais que cela dérange beaucoup de gens que je fasse de *mauvaises brochures ! Ce jeune tailleur se pousse dans le monde littéraire au moyen du scandale !* Ah ! voilà la grande raison ! *Ce jeune tailleur*, qui tout à l'heure n'était pas un tailleur, se *pousse !* Sentinelles, veillez ! Un homme du peuple qui *se pousse*, mais cela fait horreur !

Voyez comme mes critiques s'accordent ensemble, l'un dit que je me *ferme les portes*, l'autre prétend que je me *pousse*, il s'agit bien vraiment de se pousser ou de se fermer les portes, il s'agit de dire la vérité.

Au moyen du scandale. Ceci mérite une explication. Si j'en crois le Dictionnaire, scandale veut dire *action qui porte au péché, occasion de chute.* Or l'action que j'ai faite ne porte pas au péché ! Au contraire elle porte au repentir... Donner du scandale n'est point de dévoiler de faits scandaleux, mais d'en commettre. C'est, par exemple, de tromper tous les jours le public dans vos journaux, en lui disant que tel livre est bon lorsqu'il est mauvais, et que tel livre est mauvais lorsqu'il est bon, parce que le public, sur la foi de votre jugement, laisse le bon livre et achète le mauvais, qui ne fait que l'égarer et le corrompre ! Alors vos paroles portent au mal et sont *une occasion de chute*. Mais quoi ! un homme honnête et droit se trouve mis dans le secret de tous vos mensonges, et crie à ce public que vous égarez : Public, on te trompe ! Vous reprochez à cet homme de donner du scandale ! mais à votre compte, lorsqu'un voleur se glisse furtivement dans une maison pour assassiner les gens qui y demeurent, il ne fait pas de scandale, car il fait tout ce qu'il peut pour n'être ni vu ni entendu ; mais que quelqu'un l'aperçoive et se mette à crier : *Au voleur ! A l'assassin !* ce sera ce dernier qui aura commis le scandale !

Si la presse était honnête, impartiale, indépendante, et que je vinsse dire : La presse est vénale, ce serait donner du scandale, parce qu'en déconsidérant une chose grande et utile, je détournerais les hommes de la bonne voie et je serais pour eux *une occasion de chute* ! Mais lorsque je dis que tel homme est un fourbe et un imposteur, et que cela est vrai ; lorsque je dis que vous avez trompé le public, et que vous en convenez vous-même, vous me reprochez de donner du scandale ! Mais alors que j'avais connaissance de ces trafics nuisibles à la société, me taire c'était laisser le mal se propager, le scandale s'accroître; c'était me faire le complice de toutes ces infamies, c'était me faire non seulement une *occasion de chute*, mais de ruine pour la société tout entière. Je ne pouvais m'exempter de parler sans être un infâme, mais les journaux pouvaient s'exempter de tromper le public : ils commettaient le scandale sans moi, je ne pouvais le commettre sans eux. Si vous n'eussiez pas fait les actions que j'ai affichées sur les murailles, aurais-je pu les afficher ? Non, sans doute, et vous voyez que c'est vous et non pas moi par qui le scandale est arrivé !

Dans une brochure où il montre assez peu de respect d'ailleurs pour les noms de V. Hugo, de Lamartine, de Casimir Delavigne, il lui a plu, pour un service que nous lui avions rendu, de faire le procès à notre bienveillance ! Ceci veut dire : Voyez, il n'est pas étonnant qu'il manque de respect pour nous, Hippolyte Lucas, puisqu'il en manque pour MM. V. Hugo, Lamartine et Casimir Delavigne, c'est un homme qui s'attaque à tous les grands génies... On va voir, dans tous les cas, que si MM. V. Hugo et Lamartine sont aussi *innocents* que M. Hippolyte Lucas, je n'ai pas eu trop de tort en leur manquant de *respect*.

Quant au service que M. Hippolyte Lucas prétend m'avoir rendu, il est sa condamnation ; car déclarer qu'il m'a rendu un service en disant du bien de ma pièce, c'est déclarer qu'il a été partial. Quand on est juge on ne doit pas rendre de services, on ne doit rendre que la justice ; et si je suis allé remercier M. Hippolyte Lucas, ce n'était pas que je crusse qu'il m'eût rendu un service, mais parce que je pensais qu'il m'avait rendu ce qu'il croyait être la justice, et que ceux qui rendent la justice sont assez rares pour qu'on leur doive de la reconnaissance ! Mais encore ce prétendu service, nous allons voir si c'est à moi ou à lui-même que M. Hippolyte Lucas l'a rendu. Lorsqu'on a représenté ma pièce à l'Odéon, on y jouait une pièce de M. Hippolyte Lucas (*les Nuées*) : or M. Lireux, qui connaissait bien les auteurs, jouait *les Nuées* toutes les fois qu'il donnait une première représentation, afin de se rendre *le Siècle* favorable, et le jour de la première représentation d'*Ursus*, on a joué *les Nuées* en lever de rideau. Je savais bien tout cela quand je lus le compte-rendu de ma pièce par M. Hippolyte Lucas. Mais au lieu de regarder la chose par son mauvais côté, je ne regardai que l'impartialité d'un auteur qui disait du bien d'un auteur représenté au même théâtre que lui, et cela me parut beau ! Mais je ne savais pas que le jugement de M. Hippolyte Lucas n'était pas l'expression de sa conscience, car alors j'aurais bien su qu'en trahissant la vérité pour un homme qu'il ne connaissait pas et qui ne lui demandait rien, ce n'était pas à cet homme, mais à lui-même que M. Hippolyte Lucas rendait service !

Nous avons loué une pièce de M. Hilbey sans l'avoir vue : nous nous sommes déjà accusé de cette faute. Vous voyez que l'action que j'ai faite *porte au repentir* et non *au péché* ! Mais je n'ai aucun reproche à vous adresser ici. Un critique qui se repent est quelque chose de trop rare et de trop touchant ! *Oui, les personnes qui nous ont rapporté que la pièce de M. Hilbey, pièce fort indifférente au public, et qu'il nous importait peu de voir, renfermait des vers bien faits, ces personnes nous ont fait commettre une erreur.* Ah ! doucement, s'il vous plaît, si ma pièce était fort indifférente au public, vous ne le saviez pas avant de l'avoir vue... Il vous importait peu de la voir, dites-vous ? Je le crois, les critiques n'embrassent point cette profession par amour de l'art, mais seulement pour jouir des prérogatives qui s'y rattachent ; tel que de faire jouer des pièces..., etc. Mais s'il vous importait peu de voir ma pièce, il importait au public et à moi que vous la vissiez ou que vous n'en parlassiez point.

Il n'en était rien absolument, nous avons eu tort, cent fois tort, de couvrir de notre signature une si sotte appréciation ! Bien ! très-bien !

La pièce de M. Hilbey est aussi pauvre de style que d'action. Voilà la vérité, la pure vérité. Il paraît que les *personnes* qui vous avaient rapporté que ma pièce *renfermait des vers bien faits,* mais qu'elle était faible d'action, se connaissaient mieux en intrigue qu'en style, car vous trouvez qu'elles ont jugé comme il faut sous le rapport de l'intrigue, et qu'il n'y avait de faux dans leur jugement que ce qui m'était favorable ! Voyez comme il ne faut s'en rapporter à personne quand on est critique, et faire son ouvrage soi-même ! car vous n'avez pas été trompé par *une* personne seulement, *des personnes* vous avaient dit que ma pièce renfermait des *vers bien faits* ; tandis qu'elle était *aussi pauvre de style que d'action.* Voilà, j'espère, une leçon qui vous profitera !

L'auteur est-il content ? Mais *l'auteur* n'est ni content ni fâché, et il aurait trop à faire s'il lui fallait changer d'humeur aussi souvent que vous changez d'opinion !

M. Hilbey accuse aussi le Siècle d'avoir inséré au prix de douze francs une réclame dans laquelle il annonçait la réception de sa belle comédie ! Non pas une *réclame,* mais une *nouvelle.* S'il s'était agi d'une *réclame,* je n'en aurais pas fait mention, et la preuve c'est que j'ai payé au *Siècle* un assez grand nombre d'*annonces* et de *réclames,* et que je n'en ai point parlé dans ma brochure : je n'ai parlé que d'insertions faites dans *le corps des journaux.*

M. Hilbey est bien bon d'avoir payé, au profit de l'administration Bigot, fermière des annonces et réclames du journal, une note qu'il aurait eue pour rien en s'adressant à la complaisance d'un des rédacteurs. Si je suis *bien bon,* il faut convenir que l'administration Bigot est *bien heureuse de profiter* ainsi de toutes les insertions qui se font dans les journaux par son entremise ! Et le jour qu'elle m'a fait insérer cet article dans *le Siècle,* elle a fait avec moi une bonne journée, puisqu'elle m'en a fait insérer un pareil dans *le National, le Courrier Français, la France* et *le Commerce.* Quant à la *complaisance* des rédacteurs, voici quelle elle est : Présentez-vous au bureau d'un journal pour faire insérer un fait : le rédacteur vous répondra que le fait est trop grave ou qu'il ne l'est pas assez, ou que l'espace lui manque; mais allez ensuite dans un bureau de publicité, donnez votre article, et le lendemain il sera inséré dans le journal que vous aurez indiqué. Que s'ensuit-il ? que si les courtiers d'annonces ne font pas avec les rédacteurs un ignoble tripotage, c'est que ce sont les courtiers d'annonces qui sont les véritables rédacteurs en chef des journaux !

Mais ce rédacteur n'aurait peut-être pas admis les éloges que M. Hilbey se donnait à lui-même aussi facilement que le caissier des annonces et réclames, qui reçoit avec la même impassibilité les annonces du cacao en poudre et celles des produits littéraires de la force de ceux de M. Hilbey. D'abord ce rédacteur, comme je l'ai dit, n'aurait rien admis du tout ; mais dans la supposition qu'il eût bien voulu m'insérer quelques lignes gratuitement, comme le dit fort bien M. Hippolyte Lucas, il *n'aurait pas admis les éloges que je me donnais à moi-même aussi facilement que le caissier.* Or, que serait-il arrivé ? que tandis qu'on m'aurait donné par charité quelques lignes bien sèches, un autre auteur aurait obtenu *par le caissier* des éloges à perte de vue et m'aurait éclipsé ! Ma foi, j'aimais mieux payer *douze francs* et être un plus grand homme ! Pour la *poudre de cacao* et autres ingrédients semblables, elle a été longtemps d'un grand secours pour l'honneur des journalistes ! elle leur a servi à jeter sur les autres le ridicule pour détourner les yeux de leur infamie ; mais tout s'use à la fin, et je crains que le règne de la poudre de cacao n'entraîne bientôt dans sa chute le règne du journalisme ! *Quand les auteurs recherchent la publicité de la quatrième page des journaux, la réclame de M. Hilbey était destinée à être placée là !* Mon Dieu ! il y a un instant j'étais édifié par le repentir de M. Hippolyte Lucas ; mais si le repentir d'un critique est rare et touchant, vous allez voir combien il dure peu ! Tout-à-l'heure M. Hippolyte Lucas s'accusait d'avoir trompé le public, et quelques lignes plus loin il tâche de le tromper de nouveau ! Malheureusement le hasard, qui me fournit la preuve de tout, a mis dans mes mains un certain tarif qui va bien étonner M. Hippolyte Lucas et surtout bien le confondre, en lui montrant clairement que ma réclame, puisqu'il veut l'appeler ainsi, n'était point destinée à être placée dans la *quatrième page,* mais dans les *nouvelles diverses.*

Voici ce qu'on lit dans ce tarif, imprimé à la date du 1er juillet 1844 :

Le Siècle :

Librairie,	3 francs.
Industrie,	3 fr. 50 c.
FAITS DIVERS,	4 francs !

Or, puisque j'ai payé 12 francs pour trois lignes, mon article rentrait donc dans la classe des FAITS DIVERS (ou *nouvelles diverses,* comme on voudra`. Vous voyez bien, enfin, que la gloire que j'ai achetée chez vous n'est pas de la mauvaise petite gloire de quatrième page ! mais, en gloire, tout ce qu'il y a de meilleur ; et il est très-peu loyal de votre part de déprécier ainsi aux yeux du public la marchandise que vous m'avez vendue !

En insérant dans *le Bulletin théâtral* mon article, vous l'avez placé non pas mieux, mais plus mal qu'il ne devait l'être. Toutefois nous pouvons tirer de là des conséquences propres à éclairer les abonnés du *Siècle* : j'avais payé pour être placé dans les *nouvelles diverses;* mais les rédacteurs, voyant que mon article était relatif au théâtre, l'ont placé dans le *Bulletin théâtral;* on ne fait donc pas payer *seulement* les *nouvelles diverses,* puisque, ayant payé pour être placé là, j'ai été placé ailleurs; on place les articles suivant la matière dont ils traitent, c'est-à-dire la politique avec la politique, le théâtre avec le théâtre; de sorte que les *nouvelles diverses* cotées au tarif s'étendent à tout le journal.

Voyez, *le Siècle* aurait mieux fait d'avouer tout de suite qu'il faisait payer ses nouvelles diverses! mais cela était difficile, car c'était vouer au ridicule tous les grands hommes qui voyagent dans ses colonnes! Eh bien, pour sauver du ridicule toutes ces illustrations, *le Siècle* n'a plus qu'un moyen, c'est de dire qu'il a fait imprimer un *tarif* uniquement pour moi!...

Ce jeune homme a besoin des conseils de la critique, et nous nous permettrons de lui en donner un. Vous vous *permettez* des choses plus fortes que cela! mais, si vous me donnez un conseil, faites-moi le plaisir de le bien peser; car, si dans quelque temps vous veniez me dire que vous *avez eu tort, cent fois tort de me* donner ce conseil, il s'ensuivrait que j'aurais *eu tort, cent fois tort de l'avoir suivi!...*

Nous connaissons des ouvriers pleins de talent, les Poncy, les Durand, les Magu; mais aucun d'eux ne s'est donné le ridicule de se plaindre de la bienveillance gratuite et cependant de se payer à lui-même des éloges parmi les annonces des journaux. Toujours parmi les *annonces,* nous n'en démordrons pas! mais il n'y avait que ce moyen de se tirer d'affaire; il importe peu qu'il soit loyal ou non, et nous avons montré déjà plus d'une fois que ce n'est pas la loyauté qui nous gêne! *C'est mal débuter dans la vie littéraire que de se montrer à la fois si ingrat envers des gens qu'il devrait remercier, et si amoureux de la gloire à tant la ligne!* A la bonne heure! ce dernier reproche est du moins fondé; il est malheureux qu'il arrive un peu tard. En effet, lorsque je vous envoyais des éloges par l'*administration Bigot,* c'était alors qu'il fallait dire: « Un impudent nous offre de l'argent pour le vanter! mais notre journal n'est pas une boutique, et nous dénonçons un auteur ridicule qui veut usurper de la renommée. » Mais, au lieu de cela, vous insérez dans le corps de votre journal un article qui, selon vous, était destiné à être placé dans les annonces (ce qui est faux, comme je l'ai prouvé). Vous favorisez, de votre propre aveu, cet auteur ridicule que vous deviez dénoncer, et c'est lorsqu'il a abjuré ce commerce ignoble, lorsqu'il ne fait plus dans les journaux la moindre insertion , que vous lui reprochez d'aimer la gloire *à tant la ligne*! Non, dites-le franchement, bien loin de lui en vouloir d'aimer la gloire a tant la ligne, vous ne lui en voulez si fort que parce qu'il n'en achète plus!

Réponse à la Semaine.

Il y a six mois je reçus chez moi le *spécimen* d'un journal qui allait paraître sous ce titre : *la Semaine*, et qui contenait une lettre d'adhésion de M. Victor Hugo. Voyant que M. Victor Hugo était l'ami des rédacteurs de ce journal, je me dis : « Si *la Semaine* parle jamais de moi, je serai tancé vertement. » Ma prévision a été réalisée : *la Semaine* a rendu compte de ma brochure, et l'on va voir en quels termes. Mais, avant tout, je vais citer la lettre adressée au rédacteur de *la Semaine* par M. Victor Hugo :

Votre entreprise , Monsieur, est belle et bonne ; belle pour les idées, bonne pour les intérêts ; ce sera, en outre, un excellent journal, ce qui ne gâte rien.

Êtes-vous bien sûr que cela ne *gâte rien ?*

Vous comprenez, je le vois, de quelle façon il faut servir et vers quel but il faut diriger la pensée publique au temps où nous sommes. Le problème de la civilisation moderne n'est plus le même que le problème des civilisations antiques. (Ra-ta-plan !)

La société , aujourd'hui , n'exige plus comme autrefois le sacrifice de l'individu ; bien au contraire, le développement de l'individu , bien entendu et bien réglé, contient le développement de la société. (Plan ! plan ! ran !) *La puissance de tous se compose de la liberté de chacun, le bonheur de chacun fait la prospérité de tous* (Et ra-pa-taplan !) ; *et dans cet ordre de faits, qui dit prospérité dit paix, gloire et grandeur !* (Ran !) *Diminuer le malaise, augmenter le bien-être, telle est aujourd'hui la question ; et cette question résolue, il se trouve qu'il y a plus de liberté dans les lois, plus de douceur dans les âmes, plus de lumière dans les esprits, plus de dignité dans les consciences , plus d'humanité dans les mœurs. Améliorer la vie matérielle, c'est améliorer la vie morale : faites les hommes heureux, vous les faites meilleurs.*

V. HUGO.

Ran ! plan-plan ! ran-plan-plan ! ra-ta-plan, pa-ta-plan, plan-plan, ran !

Vénalité des journaux, par M. Constant Hilbey, ouvrier (1).

Nous avons déjà exprimé notre pensée à propos des tendances littéraires des classes ouvrières, et c'est avec peine que nous revenons à la charge sur ce triste sujet.

Voilà déjà l'esprit de ce journal si approuvé par M. Victor Hugo : il est éminemment populaire, comme on voit, et ceux qui m'ont soutenu que c'était en bonne part que M. Victor Hugo m'avait dit de *rester ouvrier* trouveront dans ce rapprochement un puissant argument contre leur opinion. Il est vrai que M. Victor Hugo ne s'est pas défendu lui-même, mais cela ne dit pas qu'il s'avoue coupable.

Un homme tel que M. Victor Hugo ne peut descendre à répondre à un homme tel que moi : sa dignité serait blessée d'une pareille condescendance ; et les auteurs tiennent beaucoup à leur dignité, surtout lorsqu'ils n'ont pas de bonnes raisons à donner. Mais alors ils trouvent des amis qui se chargent de répondre pour eux ; seulement, comme les amis n'ont pas de meilleures raisons, ils se mettent à divaguer ou à jeter des injures en guise de réponse.

Mais nous ne saurions passer sous silence les diatribes furieuses d'une brochure qui jette la boue au front de la presse entière. D'abord, *les diatribes furieuses* sont de trop ; mais vous avez intérêt à me peindre furieux, afin que l'on me croie injuste. Si ma brochure jette la boue au front de la presse entière, j'en suis fâché pour la presse; car, comme je ne lui jette au front que ses propres actions, c'est qu'apparemment ses actions sont de *boue. Ce libelle injurieux a pour titre: Vénalité des Journaux, par Constant Hilbey, ouvrier, auteur d'un Courroux de Poëte et d'Ursus, traduction libre et autres ours.* Ce libelle injurieux, dans lequel il ne se trouve pas un mot d'injure, et la preuve c'est que le tribunal qui m'a condamné pour *diffamation* ne m'a point condamné pour *injures,* et je vous prie de croire qu'il ne m'a point protégé ! mais, ce qu'il y a de plus curieux, c'est qu'en me reprochant des injures que je n'ai point dites, vous m'en dites à chaque mot : témoin encore mes pauvres ouvrages que vous appelez des *ours*, et cela parce que j'ai intitulé ma comédie *Ursus.* Mais je vais vous expliquer pourquoi j'ai intitulé ma pièce *Ursus*, et vous jugerez après de la peine que vous me faites en l'appelant un *ours.* Avant la représentation de cette pièce, quelqu'un me dit : « Savez-vous quelle signification on donne au théâtre à ce mot *Ursus ?* — Oui, répondis-je, et c'est pourquoi je l'affectionne ; car outre que ce sera quelque chose

____

(1) *Semaine* du 30 novembre 1845.

de nouveau qu'un *ours* joué par *tour de faveur*, si rien dans ma pièce ne prêtait au ridicule, les journalistes, qui sont incapables de concevoir une idée honnête , surtout lorsqu'ils ne sont pas *payés* pour cela...., n'en parleraient presque pas , ou n'en diraient que des choses ennuyeuses ; mais, en leur jetant un mot avec lequel ils pourront jouer, cela les tentera ! et peut-être, à l'aide de ce mot, trouveront-ils quelque trait qui amusera et fera remarquer ma pièce. Ce que j'avais prévu est arrivé : les journaux ont tourné et retourné ce mot sur tous les sens : *ourserie, grande ourse, ourson, peau d'ours, grognement,* etc. ; et vous allez voir que tout cela n'a pas été sans profit pour moi. Quand je fis imprimer ma brochure (*Vénalité des Journaux*), je mis tout simplement sur la couverture *par Constant Hilbey, ouvrier.* Or, beaucoup de libraires, ne connaissant point mon nom, refusèrent de recevoir ma brochure en dépôt ; le libraire chargé de la répandre était obligé de leur expliquer que j'étais l'auteur d'*un Courroux de Poète* et d'*Ursus ;* et voyant que les titres de mes ouvrages étaient beaucoup plus connus que mon nom , il demanda, il exigea même (un libraire, en pareille occasion, peut exiger) que je misse sur la couverture : *auteur d'un Courroux de Poète et d'Ursus.* Dès-lors ma brochure ne rencontra plus aucune difficulté, et c'est à ces deux *ours* que je dois, Messieurs les journalistes, d'avoir pu vous faire connaître. Vous voyez qu'ils ne sont pas tout-à-fait à dédaigner !...

Nous ne parlerons pas des poésies de M. Hilbey ni de son attaque contre M. Granier de Cassagnac ; les tribunaux ont vidé cette affaire. Les tribunaux ont-ils aussi vidé l'affaire *de mes poésies ?*

Bornons-nous donc à examiner la brochure du poète courroucé. M. Hilbey, ainsi qu'il nous l'apprend lui-même, est tailleur de profession et rimeur après la journée ; il entra dans Paris il y a sept ans, armé de son aiguille, d'une comédie intitulée Adeline *et de deux pièces de cent sous. Rien de mieux, certainement, et plus d'un honnête garçon s'est tiré d'affaire à moins ; mais M. Hilbey rêvait la gloire et la fortune.* La gloire, oui ! mais la fortune non ! J'ai dit à la vérité, au commencement de la brochure de laquelle vous rendez compte , que sur mes dix francs et ma comédie je fondais de grandes espérances ; mais ces espérances étaient toutes de gloire ! Si je n'ai pas pris soin de l'expliquer, c'est que je croyais que ma conduite était telle qu'il était impossible de me supposer des intérêts sordides.

Les mystères de la coupe et les détails de la couture révoltaient sa noble ambition ; il déserta donc l'établi pour frapper aux portes des journaux, des théâtres et des écrivains renommés ; nous ignorons comment s'y prit l'infortuné poète ; mais il essuya plus d'amer-

tumes, plus d'humiliations que n'en éprouvent ordinairement les débutants littéraires. C'est que les débutants n'ont pas pour habitude de vous raconter les amertumes qu'ils essuient, attendu que beaucoup d'entre eux meurent sans même avoir pu débuter... et que ceux qui réussissent à se montrer ont souvent intérêt à ne rien dire.....

Peut-être exagéra-t-il l'indifférence de gens accablés d'occupations dévorantes. Oh! ce n'est pas de l'indifférence, c'est de la férocité Quant aux occupations *dévorantes* de ces Messieurs, nous les connaissons.

Et pourtant Messieurs Victor Hugo et Lamartine daignèrent lui répondre affectueusement et l'encourager avec leur grâce habituelle dans sa laborieuse carrière. C'était beau ; mais cela devient superbe !

Ils daignèrent me répondre oui ! M. de Lamartine, qui n'est pas celui que vous voulez défendre , mais que vous mêlez là pour que la ficelle paraisse moins , M. de Lamartine daigna me répondre, mais M. V. Hugo fit plus, *il daigna m'écrire* et non pas me répondre, puisque je ne lui ai jamais écrit.

Et cela pour me dire : *Restez ouvrier!* Il fallait, comme on le voit, que M. Victor Hugo fût entraîné par un sentiment bien vif... Au reste, en obéissant à son sentiment, il obéissait peut-être aussi à un devoir... J'ai dit, dans ma précédente brochure, que M. V. Hugo , en me disant : *Restez ce que vous êtes, poète et ouvrier !* avait répété mot pour mot ce qui m'a été dit il y a cinq ans par M. Granier de Cassagnac, et j'ai reproché à M. V. Hugo d'avoir pillé son ami. Eh bien, je pense que cette phrase : *Restez ouvrier,* ne vient pas plus de M. de Cassagnac que de M. V. Hugo; c'est sans doute *un mot d'ordre* qui leur a été donné à tous les deux ainsi qu'à bien d'autres, non en vue de moi, mais en vue de tous les ouvriers qui veulent s'élever par l'intelligence. Ainsi j'ai vu M. Victor Hugo écrire à un poète-ouvrier, M. Savinien-Lapointe; « *Continuez votre double fonction , votre tâche comme ouvrier , votre apostolat comme penseur.* » Comme on voit, c'est un système, et tous ces mots : *Restez ce que vous êtes, restez ouvrier, remplissez votre tâche ,* sont tellement une routine chez M. V. Hugo, qu'il les applique à tort et à travers, et qu'il ne faudrait pas être surpris de l'entendre un jour, en pleine académie, dire à M. Ste-Beuve : « M. Ste-Beuve, restez ce que vous êtes»; ce dont M. Sainte-Beuve ne devrait pas être flatté du tout, ou de l'entendre dire un jour au roi, sans songer à qui il parle : « Sire, *remplissez votre tâche.* » Voilà ce que *la Semaine* appelle *la grâce habituelle* de M. Victor Hugo. Sa *grâce habituelle* est assez peu loyale , comme on voit. Car M. V. Hugo sait bien que celui qui remplit comme ouvrier *sa tâche,* qui est déjà la tâche de deux , puisque la moitié du monde vit dans l'oisiveté, ne peut remplir son *apostolat* comme poète; mais c'est là ce que l'on veut, étouffer l'intelligence sous des travaux matériels et accablants ! Et ce sont des hommes d'intelligence qui commandent ce meurtre moral !

Mais si vous voulez que les *ouvriers restent ouvriers* et remplissent ce que vous appelez leur *tâche,* donnez-leur en donc le pouvoir; car en vous voyant agir, les laquais et les décroteurs quitteraient leur poste et courraient prendre une plume !

Un autre se fût estimé heureux. M. Hilbey se mit en courroux. Je ne me mis point en courroux , je regrettai de ne pouvoir accorder mon estime à ceux pour qui j'avais tant d'admiration !

Le courroux est sa maladie chronique. Non, assurément, et personne ne se met moins en courroux que moi; mais si vous tenez à ce que j'aie une *maladie ,* j'aime mieux que ce soit *le courroux* que *la vénalité;* car *le courroux* est aussi *la maladie chronique* du Ciel, puisque l'on voit dans le dictionnaire *le courroux du Ciel;* mais on n'y voit point la *vénalité* du Ciel.

Il trouva ces deux illustres écrivains bien impertinents de n'avoir point jeté sur ses épaules le manteau de leur protection. Je n'ai nullement dit que MM. Victor Hugo et Lamartine devaient me couvrir de leur protection , et je ne leur ai jamais rien demandé. Mais aurais-je été bien coupable quand je leur aurais dit : Vous qui connaissez la route, servez de guides à mes premiers pas. Quoi ! dans les professions les plus abjectes, on voit les plus avancés tendre la main à ceux qui veulent les suivre et s'employer à leur ouvrir la carrière, et seuls ces hommes, qui se disent les modèles du genre humain , qui vantent sans cesse leur humanité et leur délicatesse, sont sans délicatesse et sans humanité !

MM. Victor Hugo et Lamartine auraient fort à faire , grand Dieu ! s'ils se déclaraient les protecteurs de tous les rapsodes qui les assaillent de lettres et de dédicaces ! J'ai dit que c'était M. Victor Hugo et non M. de Lamartine que *la Semaine* voulait défendre. Voici deux fois que les noms de MM. Lamartine et Victor Hugo se trouvent cités ensemble, et toutes les deux fois le nom de M. Victor Hugo se trouve cité avant celui de M. de Lamartine. C'est une légère nuance; mais jointe à toutes les autres elle n'est pas sans importance. *MM. Victor Hugo et Lamartine auraient fort à faire, grand Dieu !* Voilà un grand Dieu *qui dit plus de choses qu'il n'est gros !* O vous qui jusqu'ici avez déploré les maux du peuple, avez plaint l'ouvrier qui, jeune, use sa vie dans des labeurs pénibles, essuye les injustices et les brutalités de ceux pour lesquels il travaille, qui voit sa famille mourir dans la misère et dans les larmes sans pouvoir lui porter secours, ne plaignez plus cet homme, plaignez les auteurs qu'on assaille de *lettres louangeuses et de dédicaces*, ce sont les grands infortunés de ce monde!

Quant à la qualité de *rapsode* que vous daignez m'octroyer, je vous ferai remarquer que M. V. Hugo ne pense point comme vous : M. Victor Hugo trouve *qu'il y a dans mes beaux vers plus que de beaux vers, que dans mon livre il y a un avenir!* Mais vous avez pensé, comme moi, que cette lettre n'était pas sincère, et que M. Victor Hugo ne m'avait donné ces éloges que pour en arriver à me dire un seul mot : *Restez ouvrier!* Vous taxez vous-même d'hypocrisie celui que vous voulez justifier. O inhabiles défenseurs!

M. Hilbey ne se regarda pas comme vaincu : une petite succession lui vint en aide : un ouvrier sage l'eût mise en réserve pour l'avenir, le poète la dissipa en frais de tirage, de composition, de papier et de réclames. Au commencement de votre article, vous me reprochiez *de rêver la fortune*, maintenant vous me reprochez de la dissiper. Si ce n'est que vous me reprocheriez aussi de citer mes *Ours* avec complaisance, je vous citerais ces deux vers d'*Ursus* :

> Pardonnez, mais on voit votre aveugle colère,
> Puisque de tous les sens je ne saurais vous plaire!

A qui la faute? Les journaux ne veulent point s'occuper de me lire, se dit-il, je les y contraindrai! Oh! non, j'ai pu contraindre les journaux à me vanter, mais à me lire, jamais!... Si fait, pourtant, ils ont lu *Vénalité des journaux*, et qui plus est, l'ont achetée, ce qui a dû étrangement leur coûter, eux qui, ordinairement, vendent aux marchands de bouquins, et sans les lire, les livres qu'on leur remet pour qu'ils en rendent compte, de sorte qu'ils acceptent les bénéfices d'une charge dont ils ne remplissent pas les devoirs!

Et le voilà rédigeant lui-même son propre éloge ou le faisant rédiger, alignant ses alexandrins et les insérant dans les journaux à raison de 3 francs la ligne. Maintenant M. Hilbey se plaint de la vénalité de la presse qui ose vendre ses réclames et ses annonces! Qui vous parle de *réclames* et d'*annonces*; si j'avais dit que les journaux vendaient *leurs annonces*, je n'aurais rien appris, puisqu'ils les affichent eux-mêmes; j'ai dit que les journaux se vendaient, et je l'ai prouvé. *De quoi voulez-vous donc qu'elle vive?*

Ah! nous y voilà. De quoi voulez-vous que les journaux vivent s'ils ne se prostituent pas? Qu'ils meurent, les misérables, plutôt que de vivre d'opprobre! *Lorsque, poussant dans les dernières limites son œuvre civilisatrice* (lisez *corruptrice* et comprenez que *presse* ici veut dire *journaux*), *elle va jusqu'à vendre ses produits moins chers qu'ils ne lui coûtent.* Oui! Et c'est pour cela que les journaux sont funestes à l'art et à la littérature, et c'est aussi ce qui doit ouvrir les yeux du public : puisque les journaux vendent leurs produits moins cher qu'ils ne leur coûtent, c'est que ce n'est pas sur les abonnés qu'ils comptent, mais sur les auteurs et sur les hommes politiques qu'ils mettent à contribution. *En exaltant votre œuvre vous rentrez dans la classe des marchands qui prônent leur marchandise!* Doucement, vous intervertissez les rôles, ce n'est pas moi, ce sont les journaux qui ont exalté mon œuvre ; si j'ai rédigé quelquefois moi-même mon éloge, je ne l'ai pas signé. C'était uniquement pour que cela me coûtât moins cher, et le journal, en insérant mon éloge, en prenait seul la responsabilité.

Peut-on vous empêcher d'assimiler vos poésies au savon Ponce et à la pommade du Lion! Nous en voilà au grand moyen! (Voir ma réponse au *Siècle* touchant le cacao en poudre). *Faites une œuvre remarquable!* Bien! vous voilà qui traitez encore M. V. Hugo d'hypocrite, puisque dans la brochure de laquelle vous rendez compte se trouve une lettre de M. Victor Hugo, où il me dit, en parlant du volume de poésies que vous avez appelé *un ours* : « J'ai lu, Monsieur, votre *remarquable* volume», et vous me dites après cela : *Faites une œuvre remarquable!* Merci! M. Victor Hugo, qui a appelé mon *ours* un livre *remarquable*, appellerait sans doute mon œuvre *remarquable* un *ours!*

Les beaux livres sont assez rares, on saura bien dénicher le vôtre et le mettre au grand soleil de la publicité ; l'instinct du beau n'est pas, Dieu merci, encore éteint parmi la presse. A ceci je pourrais répondre par des raisons ; mais j'aime mieux répondre par un fait qui, je crois, sera concluant. Lorsque j'eus lu dans *la Semaine* l'article que je réfute, j'envoyai la lettre qui suit au rédacteur en chef :

Monsieur,

« J'ai lu dans *la Semaine* du 50 novembre l'article que vous avez publié sur ma brochure. Dans cet article, vous me dites : *Faites une œuvre remarquable, les beaux livres sont assez rares, on saura bien dénicher le vôtre et le mettre au grand soleil de la publicité.* Eh bien, monsieur, je suis incapable de faire un beau livre ; mais je connais un homme de talent dont les journaux ne s'occupent point, et je veux donner à votre zèle l'occasion de se signaler! Je vous envoie une pièce de vers incontestablement fort *remarquable*, et dont l'auteur s'appelle l'*abbé Constant.* Je compte que vous la citerez dans votre prochain numéro, avec tous les éloges qu'elle mérite, ou plutôt, pour être sincère, je compte que vous ne la citerez pas ;

mais je tiens à vous l'adresser, parce que si vous n'en parlez pas, cela me procurera l'avantage de parler de vous.

Je vous salue, Monsieur,
Constant HILBEY. »

Pièce de vers envoyée avec la lettre ci-dessus.

LAMARTINE ET LES ENFANTS DU PEUPLE ;

Iambe, par l'ABBÉ CONSTANT.

Merci, poète, au nom des douleurs de la femme !
    Merci ! car tes nobles efforts
Du bon Vincent de Paul on fait tressaillir l'âme
    Errante autour des enfants morts !
Merci pour ces agneaux bêlants après leur mère,
    Dont le budget au cœur d'airain
Broyait dans les ruisseaux l'existence éphémère
    Pour escompter un peu de pain !
Pour les Anges en pleurs qui se voilaient la tête,
    Pour le Christ enfant autrefois
Qui, devant l'abandon de son berceau prophète,
    Vit du moins s'incliner des rois.
Pour la Vierge du ciel qui cache sa tristesse
    Aux dédains d'un siècle endurci,
Pour les tristes erreurs d'une pâle jeunesse,
    Pour Dieu, pour le peuple, merci !
Maintenant, homme pur en qui le pauvre espère,
    D'enfants condamnés à mourir
Un vote paternel t'a fait Sauveur et Père ;
    Maintenant il faut les nourrir !
Quel sort leur feras-tu si jamais ils grandissent ?
    Veux-tu que leurs bouches sans pain
Apprennent tes beaux noms de gloire, et les maudissent
    Dans les tortures de la faim ?
Ne sommes-nous donc pas assez de prolétaires
    Pour gratter le sol sans espoir,
Et salir nos genoux, écumeurs volontaires,
    Autour des égouts du pouvoir !
N'as-tu donc à la mort repris que des esclaves ?
    Et ce *merci !* que je t'ai dit,
Doit-il, chez nos enfants meurtris dans leurs entraves,
    Avoir pour écho : Sois maudit !

Songes-y, Député! Que promets-tu pour vivre
    A notre sang déshérité?
Laisse à nos fils la mort qui du moins les délivre,
    Ou donne-leur la liberté!
Le Verbe est tout-puissant; va donc, le front superbe,
    Rêveur au prophétique essor,
Opposer largement la puissance du Verbe
    Au vil despotisme de l'or.
Poëte financier, sois fier d'avoir une âme;
    Va, le peuple n'est pas jaloux:
Le riche n'est maudit que lorsqu'il est infâme;
    Sois donc un frère aimé pour nous!
Des richesses de Dieu sage dépositaire,
    Songe à doter les malheureux:
Mais de leurs droits surtout courageux mandataire,
    Arme la vérité pour eux!
Adopte ces enfants sauvés par ta parole,
    Ennoblis-les de tes succès;
Car tu n'as pas voulu, comme une impure idole,
    Usurper l'encens des Français;
Tu n'es pas un menteur à la face hypocrite,
    Dont l'égoïsme teint de fard
Exploite en la servant la pauvreté proscrite,
    Pour emplir son ventre cafard!
Puisque pour nos enfants ton zèle a des entrailles,
    Sois leur père à l'autel des lois,
Et, devant un pouvoir cuirassé de murailles,
    Défends le plus saint de nos droits!
Le droit de refuser notre tête pensante
    Au joug énervant du bétail;
Le droit de repousser l'aumône avilisante,
    Et de vivre par le travail!
Si, pour nos orphelins, tu n'as que la misère
    D'un avenir déjà flétri,
Laisse, dans le ruisseau, l'enfant du prolétaire
    Expirer livide et meurtri!
Non, nous ne voulons pas les vendre à l'esclavage,
    Non, plutôt la mort mille fois!
Laisse tomber ces fruits abattus par l'orage.
    Ils n'appartiennent plus aux rois!
Non, s'ils doivent du mal tarir la lie amère,
    Vous répondrez de nos forfaits;
Mais, puissent-ils, mourant étranglés par leur mère,
    Être affranchis de vos bienfaits!

La Semaine n'a point inséré ces vers et n'en a point dit un mot. Elle ne peut alléguer cependant qu'ils attaquent les auteurs, puisqu'ils sont en faveur de M. de Lamartine, que *la Semaine* me reproche de haïr.

Je sais que *la Semaine* peut dire : Si ces vers vous paraissent beaux, ils ne nous paraissent pas, à nous, dignes de voir le jour. Oui; mais j'ai tout prévu, j'ai copié dans *la Semaine* des vers que je vais placer à côté de ceux qu'on a lus.

> J'ai la prétention de réussir ici
> Oui cette belle salle étonnée et ravie
> Après un long sommeil, s'éveillant à la vie,
> Je l'espère, verra le public chaque soir
> Comme un ami fidèle arriver et s'asseoir.
> Le lustre, ce soleil qu'on descend et qu'on monte,
> Aux luttes de deux gaz saura trouver son compte,
> Et choisira celui dont le jet radieux
> Noircit moins le plafond, tout en éclairant mieux.
> Flutes, cors, violons, feront rage à l'orchestre,
> La muse à talons hauts et la muse pédestre
> L'une avec son péplum dans le marbre sculpté
> L'autre avec son jupon changeant et pailleté,
> Ensemble ou tour à tour sérieuse ou fantasque,
> Montreront la pâleur ou le fard de leur masque.
> Chez nous les dieux de l'art auront des trônes d'or ;
> Mais nous livrons l'azur à tout puissant essor
> Et le jeune poète, éclairé P ar la gloire,
> Prendra place à leurs pieds sur des marches d'ivoire !

Ces vers sont extraits d'un discours de M. Théophile Gautier, prononcé cette année au théâtre de l'Odéon.

Voici ce que dit *la Semaine* en les reproduisant :

« Ce que M. Théophile Gautier a fait dire était sagement pensé, écrit avec une certaine réserve qui n'excluait pas la verve ; c'est *un progrès* dont nous lui saurons gré.   (*La Semaine* du 25 novembre 1845.)

Eh bien, je *sais gré* aussi à M. Théophile Gautier de son *progrès*, parce qu'il m'aide à montrer ce que c est qu'un journal ! Maintenant je n'ajoute qu'un mot à ce sujet : si une personne sur cent ose comparer les vers de M. Théophile Gautier à ceux que j'ai cités plus haut, je me déclare vaincu !

Je voudrais n'avoir à attaquer le talent de personne, car on n'est pas coupable de n'avoir point de talent; mais on est coupable quand, précisément parce qu'on est nul , on veut occuper toutes les places et empêcher les véritables talents d'agir.

Les commencements de toute carrière sont entourés d'obstacles, la carrière des lettres surtout ! Pourquoi la carrière des lettres surtout? Parce que les hommes qui se disent les plus humains et les plus justes sont les plus iniques et les plus barbares. '

Mais, en somme, le génie trouve en lui la force de franchir les précipices et de trouer les montagnes. C'est l'histoire des grands hommes depuis les temps les plus reculés.

Oui, tous les grands hommes que nous connaissons (excepté ceux qui sont nés riches) ont eu à renverser mille barrières. Mais combien sont morts à la peine qui ne nous sont point connus, et qui , supérieurs à ceux que nous connaissons, ont dû céder avec des forces plus grandes, à des obstacles plus multipliés.

D'ailleurs les colonnes des journaux et la plume des journalistes ne suffiraient pas s'il fallait analyser chacune de ces œuvres éphémères qui s'échappent matin et soir de l'imprimerie. Oui ! et dans la crainte de ne pouvoir analyser tous les livres qui se publient, vous n'en lisez jamais un seul.

Et maintenant que vous traitez la gloire comme une prostituée qu'on achète. Voilà comme on trompe avec des comparaisons. Je n'ai pas dit que la gloire était une *prostituée*, j'ai dit que ceux qui trafiquaient de la gloire étaient des misérables ! La gloire est bien innocente de tout cela. Quand Jésus-Christ reprochait aux marchands de vendre des colombes, il n'accusait pas les colombes du trafic que l'on faisait d'elles.

Maintenant que vous abjurez la dignité des lettres. J'ai abjuré la fausse dignité qu'affectent les hypocrites; *que vous traitez les théâtres royaux de coupe-gorge.* Pourquoi pas, puisque cela est vrai ? entendez-vous les théâtres royaux se plaindre !...

Les écrivains de mercenaires. Je traite de *mercenaires* ceux qui sont des *mercenaires*, et puisque ce mot se trouve dans le Dictionnaire français, je pense que c'est pour servir à quelque chose... Si vous voulez me prouver que j'ai eu tort de parler ainsi, prouvez-moi que j'ai menti...

Vous vous plaignez du peu d'égards qu'on accorde à vos obsessions perpétuelles. Ah! voici qui me paraît bien perfide. Quoi! maintenant je me plains du peu d'égards qu'on accorde *à mes obsessions perpétuelles.* Voudriez-vous faire croire, par exemple, que je vous ai demandé de parler de ma brochure? Ce serait une insigne mauvaise foi ; car si vous l'avez lue, c'est que vous l'avez achetée. *Devons-nous envelopper dans notre haine la Patrie, le Courrier français, le National, le Droit, la France, le Commerce, la Presse, le Siècle, la Gazette* de France ! Qui vous en prie ? Je veux, au contraire, que vous les imitiez afin que quelqu'un m'imite aussi et vous affiche sur les murailles ! N'est-il pas merveilleux d'entendre *la Semaine* défendre des journaux qui ne se défendent pas... Il faut croire que ces journaux ont la bouche bien fermée !...

Objets de vos venimeuses injures ! Toujours des *injures*. Ces Messieurs prennent pour des injures les reçus signés par leurs caissiers..

Nous ne pousserons pas plus loin l'examen de cette brochure, dont nous n'aurions pas parlé, du reste, si nous n'y avions vu une offense grave contre la presse. Dites contre la *presse vénale* : est-il même besoin de l'expliquer; lorsque je viens d'être condamné pour délit de presse. Dire que je n'aime pas la presse parce que je hais la vénalité, c'est comme si l'on disait que je n'aime pas les hommes parce que je hais les voleurs !

Il faudrait bien du génie pour se faire pardonner une telle faute! et a vous il vous *faut bien* de l'audace pour appeler *faute* ce que j'ai fait... *Et ce n'est pas ainsi qu'on s'attire la bienveillance; vous en auriez besoin pourtant.* Je n'ai pas besoin de bienveillance, je n'ai besoin que de justice. Et puisque je n'agis pas de manière à *m'attirer la bienveillance*, cela prouve que je n'agis pas dans mon intérêt personnel. *Les journaux vous dédaignent, dites-vous.* Au contraire, j'ai dit que les journaux ont chanté ma louange, et c'est de cela seul que je me plains.

Et votre patron vous reproche votre négligence à tel point que vous en êtes réduit à coudre des habits d'enfants ! Je n'ai pas dit que j'en étais *réduit* à coudre des habits d'enfants, j'ai dit que j'avais adopté cette spécialité, attendu qu'elle demande moins de soins et d'intelligence. Que ceux qui veulent des habits bien piqués, bien tournés, s'en fassent eux-mêmes, si bon leur semble ; pour moi je tiens à m'abrutir le moins possible.. *Eh! bon Dieu,* sommes-nous coupables si vos coutures riment de travers et si vous tournez vos alexandrins en manches de veste! Nullement, les journaux sont coupables d'avoir appelé un *Jean-Jacques*, un *Bernardin de St-Pierre*, un *phénomène*, un *Jehova* ! etc., un homme qui tourne ses alexandrins *en manches de veste*. Mais loin d'être coupables des mauvais vers que je fais, vous montrez ici pour eux une grande indulgence, et je suis heureux de pouvoir terminer mon article par un éloge !... Si vous étiez méchants vous citeriez mes *alexandrins tournés en manches de veste*, afin de me couvrir de ridicule et de honte ! Mais vous êtes pour cela trop indulgents ! Vous vous bornez à me lancer des critiques vagues que le public pourra croire dictées par un sentiment de haine ! Vous aimez mieux vous exposer à être taxés d'injustice que de m'accabler avec des preuves. Oh! oui, cela est bien beau de votre part! et je suis bien plus méchant que vous! Quand vous m'accusez vous ne me *citez* jamais, et moi quand je vous accuse je vous *cite* toujours!

Réponse au Génie des femmes.

Parmi les recueils littéraires qui se sont occupés de ma brochure, j'ai remarqué dans le *Génie des Femmes* un article plein de cœur, signé *P. Couly*. Je vais en citer quelques fragments:

« *Vénalité des journaux.* Ce titre un tant soit peu hardi a, dans son expression peu parlementaire, mais forte comme tout ce qui sort de la voix du peuple, fait frémir, dit-on, d'illustres plumes périodiques : les attaques en diffamation s'élèvent, les rédacteurs de certaines feuilles, ajoute-t-on encore, pâlissent de crainte; on presse les visites, on enfouit les cartons de nature un peu compromettante, puis on se donne de l'assurance, on grimace au lieu de rire, on a l'air de braver le jour de la justice, mais au fond on meurt de frayeur de demeurer écrasé sous le poids du scandale!

« Diable, M. Constant, vous ne ménagez personne, loin de là, vous assommez sans pitié! Vraiment malgré mon désir de me liguer avec vous pour combattre ces vendeurs de consciences, ces trafiquants d'éloges et de blâme, je ne sais si je dois, si je puis vous croire. Allons donc, c'est un rêve. Vous n'avez pu penser faire admettre qu'un poète dont les œuvres parlent si bien à l'âme et au cœur, où chaque vers semble une inspiration chrétienne ou un soupir divin; que cet homme si vénéré des lyres adolescentes qu'elles lui adressent à l'envi leurs premiers et leurs plus purs hommages, que chacun appelle son père, son appui, ait eu la cruelle froideur de jeter de belles phrases, au jeune homme qui lui disait : « Oh! si j'étais souffrant, je le sens, votre présence me guérirait! ».....

« Maintenant, avec vous, ce sont journalistes en renom qui, trop honnêtes pour recevoir de l'argent, acceptent de beaux cadeaux et font l'éloge pompeux d'ouvrages dont ils n'ont peut-être pas lu dix pages ; feuilletonistes plus ou moins princes de la critique, qui, faisant de leurs articles de véritables annonces-omnibus, rendent compte de pièces qu'ils avouent bonnement ne pas avoir vu jouer, et cent autres actes également consciencieux..... Je vous le répète, tout cela est impossible de nos jours, et nul ne vous croira. Oh! prenez-y garde, censeur impitoyable, vous allez être sévèrement puni de vos coupables déclamations, la foudre de la vengeance va éclater sur vous. Vous riez!..... alors il faut se résigner et attendre l'audience pour voir de quel côté se rangera l'honneur!

« Mais de quoi vous mêlez-vous donc là, mauvais pygmée, qui avez le sot amour-propre d'attaquer des puissances redoutables, dont le souffle peut vous éteindre, mais qui n'auront garde de vous faire l'honneur de relever vos coups. Vite à votre revue théâtrale, vous avez peut-être vous-même grand besoin d'indulgence, trève alors à vos sermons, me crie-t-on de toute part, à ma revue : mais j'y suis; car le signataire de la terrible brochure s'attaque encore aux théâtres royaux, voire aux commissions et au ministre. . . . .

. . . . Tous les peuples ont aimé le théâtre, et si plusieurs en ont parfois oublié le but moral, la majeure partie lui a toujours reconnu une grande utilité. Je ne discuterai point ici le résultat que devrait rechercher le théâtre et les qualités qui lui sont nécessaires, cela rentrera dans un ouvrage beaucoup plus vaste, je me bornerai à le traiter sous son rapport d'utilité générale, que nul je pense ne lui contestera. A mon avis, le théâtre doit servir, par de bons et puissants exemples, au développement de l'intelligence, à produire l'esprit et le talent des auteurs dramatiques, et à faire éclater le génie des natures privilégiées ; son devoir aussi bien que son intérêt consiste à faire choix de bonnes pièces, à favoriser les artistes de mérite et à détruire les difficultés sans nombre qui arrêtent même les auteurs les mieux posés ; au lieu de cela, que fait-on, on abreuve de dégoûts poètes et auteurs, on les repousse cent fois, on leur impose des conditions déplorables, et on ne les reçoit que lorsqu'ils ont eu le triste courage ou plutôt la faiblesse de subir de douloureux sacrifices, trop heureux encore de n'y pas perdre leur honneur. Oh, qu'on ne se récrie pas! la preuve de certaines humiliations ne ferait pas défaut , et la marche adoptée pour l'admission aux débuts et la réception des pièces est inqualifiable..... et certes il est des faits dans la brochure de M. Hilbey qui, s'ils sont vrais, jettent un blâme terrible non seulement sur des directeurs, mais encore sur la commission des théâtres royaux et la direction des Beaux-arts. . . . .

(Le Génie des femmes, novembre 1845.)

Croyez-vous aujourd'hui, Monsieur, que ces faits soient vrais? me les a-t-on laissés publier et afficher tout à mon aise?

Quant au *jour de l'audience* que vous attendiez pour voir de *quel côté se rangerait l'honneur*, l'honneur s'est rangé du côté de M. Granier de Cassagnac !... Le tribunal a déclaré qu'*il résultait des débats, pièces et documents produits, que dans le courant de 1845 ledit Hilbey a publié dans une brochure un article ainsi énoncé dans le sommaire, etc. ; qu'il a répété le même sommaire dans des placards apposés au-dessous de ceux qui annoncent le journal l'Epoque; que le fait imputé est de nature à porter atteinte à l'honneur de Granier de Cassagnac...*

Eh bien, Monsieur, cela a dû vous faire plaisir d'apprendre toutes ces choses..., et vous ne les saviez pas. « Comment, me répondez-vous, je savais bien que vous aviez publié une brochure puisque j'en avais rendu compte... Je savais bien aussi que vous aviez imputé à M. Granier de Cassagnac des faits *de nature à nuire à son honneur*... puisque j'attendais l'audience pour savoir si les faits imputés étaient vrais ou faux, et c'est précisément ce que le tribunal ne m'a pas dit... » Ah ! mais vous en demandez trop, et messieurs les juges sont trop amis de la vérité pour la livrer ainsi toute nue aux profanes regards des curieux !...

Sainte-Pélagie et la Chambre des Députés.

Le 20 janvier, je me suis présenté chez M. le procureur du roi, où l'on m'a remis une lettre avec laquelle je me suis rendu immédiatement à Sainte-Pélagie. Arrivé là, on a commencé par me toiser, prendre mon signalement, ainsi que les noms de mon père et de ma mère, puis on m'a fouillé jusque dans mes bottes, dans la crainte sans doute qu'elles ne continssent quelques instruments de diffamation... Que ne fouillaient-ils plutôt dans mon cerveau!.... On ne trouva rien dans mes bottes... mais j'avais emporté quelques livres, ainsi que quelques journaux que je voulais réfuter dans la prison. On me permit de garder l'*Evangile*, après toutefois qu'on eût visité ce livre feuillet par feuillet. Mais on interdit l'entrée aux journaux; on interdit également l'entrée aux lois de septembre sur la presse et aux lois de 1819 sur la diffamation. Pour cela, on fit peut-être bien, mais on m'interdit aussi un rouleau de papier blanc dont je m'étais muni. Je comprends, fis-je observer, qu'on m'interdise ces lois... et ces journaux ; mais mon papier blanc ne peut corrompre personne... — Non, me fut-il répondu, mais on en vend ici, vous pourrez en acheter..... » On me retira aussi mon canif. A la vue de huit francs, qui étaient tout ce que j'avais emporté d'argent, celui qui me dépouillait ainsi poussa une exclamation : « *C'est tout ça !...* — Oui ! — Ah ! c'est égal, vous avez assez pour payer la *pistole*. — C'est possible; mais je ne veux rien payer du tout. — Vous ne voulez rien payer ? — Non : n'ayant pas moi-même choisi ce logement, je ne veux pas en payer le loyer. — Ah bien ! alors, je vais vous mettre *sur la cour*. — Mettez-moi où vous voudrez, c'est-à-dire où je dois être. Vous savez que je suis condamné pour délit de Presse. — Oh oui ; mais cela ne fait rien. Je vais vous mettre *sur la cour*. — Mettez-moi *sur la cour*. — Je vous avertis que vous serez très-mal et que vous n'y resterez pas. — J'y resterai si l'on m'y laisse. » Or, l'homme ouvrit une porte en me disant : « ALLEZ !... » Je me trouvai dans une cour assez étroite, entre quatre grandes murailles noires et au milieu de deux cents voleurs. Le séjour n'était pas charmant; mais eût-il été plus triste que je n'y serais pas moins demeuré. Avec de l'argent on peut se faire de la prison un séjour de prince : à tel point qu'il y a à Sainte-Pélagie un endroit appelé *le Pavillon des Princes*, où se logent ordinairement les condamnés pour délit de presse. J'aurais pu sinon me traiter comme un prince, ce dont Dieu me garde... du moins me traiter convenablement : je n'étais pas privé de ressources; mais j'étais condamné à la prison, je voulais accomplir ma peine dans toute sa rigueur ; d'abord parce que le tribunal qui m'a condamné a sans doute été juste : un tribunal ne prononce pas légèrement...; et que s'il n'avait pas été juste, ma peine retomberait sur lui.

Peu d'instants après que je fus entré dans cette cour, appelée *Cour de la Préfecture*, un prisonnier vint vers moi et m'adressa la parole; j'en profitai pour me faire donner des détails sur la prison et surtout sur les prisonniers. J'appris que parmi ceux qui m'entouraient il y avait des anciens forçats. Celui qui me donnait ces détails me montra un homme condamné pour *adultère* (je n'ai jamais vu de monstre plus laid !) il me désigna également, mais avec dégoût, un homme assis sur un banc, dont le ventre ressemblait à un tonneau, et qui fumait avec une pipe luxueuse et longue d'un demi mètre. C'était un chanoine condamné pour le crime qui fit tomber sur Sodome le feu du ciel (1). Voyant dans celui qui me parlait une espèce de délicatesse, je pensai qu'il était là pour un très-petit délit : « Etes-vous ici pour longtemps, lui demandai-je ? — Pour un an. — Vous avez donc commis un grand forfait ? — *Un vol de confiance.* » J'éprouvai un mouvement de répulsion, mais ensuite je me dis : Je connais bien des gens qui commettent des *vols de confiance* et qui n'en sont que plus honorés. « Combien avez-vous volé ? — Douze francs ! — Ah ! je ne m'étonne plus : pourquoi vous amusiez-vous à voler douze francs ! » Mon voleur me prit bientôt en amitié, au point qu'il voulut me servir malgré moi pour tout ce dont j'avais besoin. Je crus d'abord que ce zèle cachait quelque petit intérêt, je me trompai : il faut aller à Sainte-Pélagie pour trouver de la délicatesse et du désintéressement.

Voici quels sont les usages de la prison : pendant la journée un gardien se promène au milieu des prisonniers pour les surveiller ; le matin, à dix heures, on donne la soupe, c'est-à-dire une mauvaise goutte de bouillon dans laquelle les prisonniers émiettent du pain avec leurs doigts, puisqu'ils sont privés de couteau ; à trois heures et demie on donne une faible portion de légumes, qui est remplacée par du bœuf bouilli deux fois par semaine. Voici comment cela se pratique : on apporte dans le milieu de la cour une grande marmite et un cuisinier

---

(1) Ce chanoine était à la *pistole* et ne venait dans notre cour que pour satisfaire une fantaisie.

donne une cuillerée de légumes ou de bouillon à chacun des prisonniers qui, un petit plat de terre à la main, forment une queue et se pressent avec plus d'ardeur, pour arriver à la bienheureuse marmite, qu'on ne le fait au Théâtre-Français pour aller voir *Horace* ou *le Cid*! Puis chacun mange en plein air et debout, avec une cuillère de bois. Conçoit-on ma destinée! j'ai mangé pendant quinze jours dans *une cuillère de bois* pour avoir . . . . Au reste, le mal n'est point de manger dans une cuiller de bois, le mal est que la cour où l'on prend ses repas est fort étroite, et que les prisonniers qui sont pressés les uns contre les autres prennent du tabac, se mouchent et crachent de telle manière qu'il est à propos, avant de commencer son repas, de bien regarder de quel côté viennent les vents, sous peine de voir sa soupe un peu trop assaisonnée.

Après chaque repas, on sonne la cantine, qui est une espèce d'épicerie où l'on vend des comestibles et du vin : chaque prisonnier ne peut boire plus de trois verres de vin par jour (celui qui n'a pas d'argent n'en peut point boire du tout). A quatre heures, les prisonniers sont conduits dans leur chambre (celle où l'on m'a mis contient 18 lits et s'appelle *la travée*) où ils reçoivent, immédiatement après leur entrée, la visite d'un surveillant : à sa présence, les prisonniers sont tenus de se découvrir et de se placer chacun devant son lit, tandis que le surveillant, le chapeau, je me trompe, la casquette sur la tête, procède à l'appel avec une *voix sonore*, un air royal et majestueux! Ce grave personnage semble n'avoir rien d'humain, c'est-à-dire qu'il est au-dessus de l'humanité; cependant, quelquefois encore, le dieu s'humanise et alors il fait la grâce aux prisonniers de leur lancer quelque maligne plaisanterie. J'en vais donner un échantillon : une erreur ayant été commise en écrivant le nom d'un des prisonniers, celui-ci réclama : « Je m'appelle *Poitreneau*, dit-il, et non pas *Poitrineau*. » A quoi le surveillant répondit : « Eh bien! c'est un malheur, vous répondrez au nom de Poitrineau, *entre un potiron et une citrouille, il n'y a pas grand-différence*. » Si le *Journal des Débats* avait été là, il aurait écrit au bas de ces spirituelles paroles : « (Sensation profonde); mais, pour moi, qui me pique d'exactitude, je dois écrire : (Silence profond).

Ces *plaisanteries* (pour ne pas dire plus) permises à un surveillant à l'égard des prisonniers, seraient un attentat à la sûreté de l'Etat, si elles étaient adressées par un prisonnier au moindre porte-clefs de la prison; et j'ai vu un jeune homme qui, pour avoir manqué de respect à une de ces autorités, était depuis quinze jours dans une cellule séparée.

Le surveillant vient également le matin dans les chambres, pour examiner si les lits sont bien faits. La première fois qu'il visita le mien, j'entendis une voix qui me dit : « *Numéro trois, jetez-moi ce lit-là par terre !* » Je jetai mon lit *par terre*, et ce n'était pas là le difficile... mais il fallait le reconstruire. Un camarade, voyant que j'y perdais mon latin, se chargea de cette besogne et me montra comment on s'y prenait : je profitai de la leçon, car le lendemain je surpassai mon maître, et mon lit fut proclamé, *à l'unanimité*, le mieux fait de la chambre !

Que l'on ne croie pas, à cause de ma mauvaise réputation, que j'aie acheté ce *succès*. Non, les prisonniers ne ressemblent ni aux directeurs de théâtre, ni aux rédacteurs de journaux ! ils ne vendent pas leurs suffrages !

Le deuxième jour, un chef me fit appeler et me dit : « Si vous ne voulez pas payer *cinq sous* par jour pour votre travail, on va vous mettre *aux chaussons*. Ma foi ! je voulais subir ma peine tout entière, mais ici le courage me manqua, et je me fis grâce des *chaussons*; c'est une faute, je ne prétends pas m'en excuser. Ainsi, pour celui qui n'aurait pas d'argent, une condamnation pour délit de presse serait une condamnation aux *travaux forcés !*

Au reste, tous les pauvres sont des condamnés aux travaux forcés, et depuis ma jeunesse je rame ! Ce monde est un grand bagne où l'on ne voit que des geôliers et des forçats !

Un seul journal a entrée à Ste-Pélagie, c'est le *Journal des Débats*; on me demanda si je voulais m'abonner pour *trois sous* par semaine, je ne crus pas devoir faire ce sacrifice. Mais au bout de quelques jours un prisonnier me dit : On parle de *corruption* à la Chambre des Députés. « Ah ! m'écriai-je, la matière doit être abondante, je m'abonne au journal. » Mais, hélas! quelle déception ! je m'attendais à trouver de la bonne, grosse *corruption*, et je ne trouvai que de la corruption toute petite. Quelques électeurs corrompus, quelques lois violées, toutes choses que M. le ministre de l'intérieur a appelées *des plaisanteries*. M. Odilon Barrot était un de ceux qui parlaient contre la corruption. Qu'on juge si je regrettai mes *trois sous*, surtout quand je l'entendis s'écrier : *Je ne désespère pas de mon pays !* Bon, dis-je, voilà M. Odilon Barrot l'organe du pays ! Mais d'autres orateurs l'ayant suivi à la tribune dirent tout le contraire de ce qu'il avait dit, et prétendirent aussi que c'était la pensée du *pays* qu'ils exprimaient. Ah ça, me dis-je, qu'est-ce que c'est donc que le pays ? Tout à l'heure il voulait blanc, maintenant il veut noir; et c'est toujours lui qui parle! Ah ça, mais il divague, le pays!... Et pourtant les députés tiennent beaucoup à le représenter, puisqu'ils ne se contentent pas d'en avoir chacun leur part, et que chacun d'eux le veut tout entier. Ainsi M. de Lamartine a dit une fois qu'*il avait le pays derrière lui* ! M. Odilon Barrot l'a sans doute à côté de lui. Qui sait ? M. Duchâtel l'a peut-être dans sa poche !

Si le journal trompa mon attente touchant la *corruption*, il me procura au moins l'avantage de voir MM. les députés se donner du plaisir : je vais citer quelques fragments que j'ai copiés dans les *Débats* du 21 janvier :

«*M. Duvergier de Hauranne.* A mon sens la question est aujourd'hui non entre tel et tel membre, entre telle ou telle portion de l'opposition, mais entre tel ministère et l'opposition tout entière, moins peut-être l'honorable M. Ledru-Rollin.

M. de Lamartine. Comptez-en deux ! (SENSATION.)

M. Duvergier. Et l'honorable M. de Lamartine qui me fait l'honneur de m'interrompre (RIRE UNIVERSEL).

. . . .

M. Duvergier cite quelques paroles de M. Royer-Collard, prononcées en 1824 à la chambre.

Le ministère vote par l'universalité des emplois et des salaires que l'état distribue et qui tous, directement ou indirectement, sont le prix de la docilité privée ; il vote par les routes, les canaux, les ponts, les hôtels de ville, etc. (Il n'y avait pas alors de chemins de fer) (ON RIT).

. . . .

M. Duvergier. On annonce que certaines *conquêtes* imprévues sont venues élargir et affermir l'empire un peu étroit, un peu ébranlé du parti ministériel : ces *conquêtes*, nous ne les connaissons pas encore, mais nous les connaîtrons bientôt si elles existent (RIRES DIVERS).

. . . .

Aujourd'hui rien ne se fait que par les députés, rien ne s'obtient qu'avec leur apostille, fussent-ils même de l'opposition (ON RIT).

. . . .

M. Lherbette. L'opposition a eu pour elle presque tous les ministres qu'elle avait combattus, elle les a eus pour elle avant qu'ils fussent rentrés au pouvoir, et après qu'ils en étaient sortis l'opposition les a eus pour elle : seulement il faut qu'elle sache choisir le moment de les interroger (RIRES PROLONGÉS).

. . . .

M. Desmousseaux de Givré. Il serait temps qu'on nous fît part du mariage qu'on nous a annoncé hier : c'est apparemment un mariage secret? (RIRES BRUYANTS ET PROLONGÉS.)

Une voix au centre. Ce n'est pas un mariage de raison.

M. Desmousseaux. Je voudrais savoir la vérité sur ce mariage et sur les conditions de l'alliance entre la gauche et le centre gauche.

M. Marquis. Vous êtes bien curieux...

M. Desmousseaux. Je ne suis point jaloux du bonheur d'autrui ; je ne veux point troubler la paix d'un bon ménage, mais voici ce qui m'inquiète : je veux savoir ce que deviendront les enfants ? (NOUVELLE EXPLOSION D'HILARITÉ).

Je ne parle pas des enfants à naître. J'espère qu'ils seront heureux, je m'inquiète de ceux qui sont nés avant le mariage. (LONGS ÉCLATS DE RIRE).

M. Pérignon. Cela n'est pas moral.

M. Marquis, EN RIANT. Nous demanderons le huis-clos, si cela continue.

M. Desmousseaux. Les enfants naturels appartiennent à l'épouse, mais il faut savoir si l'époux les reconnaîtra.

Autre voix de la gauche. Oui ! oui ! On demande le huis-clos (LE MOUVEMENT D'HILARITÉ SE PROPAGE SUR TOUS LES BANCS).

Un membre. Il y a des dames aux tribunes (NOUVEAUX RIRES). »

Eh bien, qu'en dit-on ? Messieurs les députés s'amusent-ils comme il faut ! Cependant ils méritent un reproche : demander le *huis-clos* quand on parle avec tant d'âme et tant d'esprit, quand on défend avec tant d'énergie les intérêts du peuple ! Ah ! Messieurs, vous n'y pensez pas ; ce serait priver *le pays*, que vous aimez tant, d'un trop ravissant spectacle ! Non, Messieurs, laissez-nous contempler votre joie, puis, après vos nobles débats, allez dîner, Messieurs, et RIEZ encore ; vous ne pouvez vous donner trop de joie, puisque, quand vous riez, c'est *le pays* qui rit. Il est probable, Messieurs, que quand vous dînez c'est aussi le pays qui dîne ! Heureux *pays* !

Un jour je vis, dans la cour dont on avait fait ma demeure, un prisonnier qui se débattait au milieu d'une foule. Je crus que c'était un homme qu'on voulait mettre au cachot. Mais, m'étant approché, je vis que c'était un prisonnier qui voulait prouver à ses compagnons l'immortalité de l'âme ! Quelques-uns écoutaient avec attention, mais la plupart riaient de lui. « Que venez-vous faire ici, disait-il à ces derniers, ce n'est pas pour vous que je parle. » Mais les mauvais plaisants riaient de plus belle, et couvraient de railleries cet apôtre de la foi. Les geôliers surtout se moquaient de lui. J'appris que cet homme était un ancien forçat repris pour avoir rompu son ban de surveillance, et cela me parut bizarre de voir que lorsqu'un forçat avait la foi, les geôliers ne l'avaient point.

Cet homme serait incapable de commettre désormais aucun mal ; du moins il dit, et je le crois, que, loin de voler, *il ne commettrait pas même un mensonge pour le trône de Louis-Philippe !* J'ai fait du mal, dit-il, je l'ai expié par les souffrances de toute ma vie, et maintenant, Dieu me pardonne, car je ne fais plus de mal et je suis persécuté. Je suis graveur et je ne puis exercer qu'à Paris ma profession. Or Paris m'est interdit ainsi que beaucoup d'autres villes. Et quànd je me présente aux autorités des pays où il m'est permis d'aller, on me dit : «Que venez-vous faire ici, nous en avons assez comme vous. » C'est pour moi une torture de toutes les minutes. Eh bien ! je suis content de souffrir ainsi ! Car si je n'avais pas expié mes fautes sur la terre, je les aurais expiées éternellement. Au lieu que maintenant je ne regarde la mort que comme le commencement de ma délivrance et de mon bonheur ! La Foi est si ardente chez cet homme qu'elle ne l'abandonne pas un moment et qu'elle est l'unique objet de ses conversations. On en va juger par quelques entretiens que je vais rapporter. Un jour il racontait à un prisonnier tout ce que la surveillance de la police lui avait fait souffrir. « Ah n'importe, dit-il en terminant, tout cela n'est que passager. » — Ah! répondit l'homme. Quel est le temps de votre surveillance ? — A vie. — Vous espérez alors qu'on révisera le Code ? — Moi, je n'attends rien de leur Code, j'attends tout de la justice de Dieu ! — Oh! c'est égal, on révisera le Code, c'est une loi trop barbare. — Laissez-les ! laissez-les ! plus tard ils sauront ce qu'ils font. »

Une autre fois un prisonnier *de la Pistole* qui venait quelquefois se promener dans notre cour se plaignait devant lui de ce qu'en le condamnant on l'avait immolé à des supérieurs et on lui avait retiré sa croix. » « Que vous importe, lui répond notre homme; si vous êtes innocent, Dieu vous la rendra. — Oui, si on me réhabilite on me la rendra. — Je ne vous parle pas de cela. Je vous parle du Ciel ! — Ah! le Ciel !... — Oui! que vous importe une croix que vous n'auriez portée que quelques années ; si vous êtes innocent, Dieu vous en rendra une que vous porterez toujours. » L'homme regarda avec étonnement celui qui lui parlait ainsi, et je l'entendis dire à un prisonnier, en s'en allant : *Il est fou.*

Il est de fait que l'esprit de cet homme voyage quelquefois : je vais en donner une preuve : Un jour il me demanda de lui lire un passage de la Chambre des Députés ; je choisis de préférence un passage de M. Duchâtel, ministre de l'intérieur, car j'admire beaucoup M. Duchâtel (1),

---

(1) Malgré l'admiration que j'ai pour M. Duchatel, il faut convenir qu'il n'a pas de bonheur avec moi, il avait un directeur de l'Odéon avec lequel il s'entendait à ravir, je l'ai forcé non pas à le destituer, mais à le renvoyer. Il avait un rédacteur de *l'Epoque*.... Ah! il est vrai que M. de Cassagnac a triomphé devant les juges... ce qui ne l'a pas empêché de se réunir à M. Lireux, qui n'a lui, triomphé devant personne... car M. Lireux écrit aujourd'hui dans *l'Epoque*, de sorte que M. Granier de Cassagnac, M. Duchâtel et M. Lireux, ne font plus qu'un ! — Adorable trinité !

attendu que les théâtres dépendent de lui et sont dans un état florissant !

Dans ce passage M. Duchâtel niait avec aplomb des faits affirmés contre lui par trois ou quatre députés, et quand M. Duchâtel nie il est superbe ! Aussi, quand j'eus fini de lire, je regardai mon homme avec assurance , pensant qu'il allait me dire : « Que M. Duchâtel est éloquent! » Savez-vous ce qu'il me répondit ? « *Monsieur Hilbey, j'ai volé avec effraction ; eh bien, quelque chose me dit que je suis encore un des bons !* »

Comment, lui dis-je, vous ne m'écoutez donc pas ? — Si fait, continuez!—On voit bien que cet homme, en effet, *était fou* et ne m'écoutait pas. Cependant, pour flatter sa manie, je lui lus des fragments de plusieurs autres orateurs. Voyant qu'il me regardait fixement, je crus que cette fois l m'avait écouté; quel fut mon étonnement quand je l'entendis s'écrier : *Qu'ils sont pauvres, qu'ils sont pauvres! Ils sont plus pauvres que celui qui est tout nu!* Ah, pour le coup, je fermai mon journal et laissai là mon homme avec ses divagations !

Il y a à Ste-Pélagie une bibliothèque, et le dimanche on distribue des livres aux prisonniers; il m'en est tombé un dans les mains qui porte ce titre : *Le livre de l'ouvrier; ses devoirs envers la société, sa famille et lui-même, par A . Égron, ancien imprimeur.* Dans ce livre on prêche aux ouvriers le travail et l'économie. Mais cela n'est rien. On leur recommande de lire un livre intitulé : *De la charité publique*, par M . Duchâtel , et un livre intitulé : *Des classes ouvrières*, par M. Granier de Cassagnac. Et c'était à moi qu'on faisait une pareille recommandation ! La plaisanterie était trop forte !... C'est toutefois une bonne idée de mettre de pareils livres dans les prisons, car il n'y a que l'ennui de la captivité qui puisse engager à les lire. Et je ne désespère pas qu'un jour, de même qu'on condamne aux travaux forcés, on ne condamne à *la lecture forcée* de MM. Duchâtel et Granier de Cassagnac ! Ce serait en vérité le seul moyen de réussir à avoir des lecteurs; car, malgré l'ennui de la captivité , je n'ai vu aucun prisonnier avoir le courage de lire seulement dix pages du livre dont je parle en ce moment. Je ne veux donc pas combattre ce livre, mais le dénoncer, afin que l'on se défie de tous les livres conçus dans le même esprit.

L'auteur, pour encourager les ouvriers au travail , comme s'ils n'avaient pas assez de la misère pour les pousser sans avoir cet auteur, leur cite l'exemple des saints qui ont travaillé; ainsi il leur parle de saint Crépin : il leur dit que Crépin et Crépinien, *ne trouvant l'hospitalité nulle part, résolurent de vivre du travail de leurs mains !* Puis il ajoute *que le moindre savetier doit porter avec orgueil les yeux vers ses patrons qui voulurent exercer la même profession que lui!* Voyez comme l'auteur est adroit ! Ce n'est pas *qui voulurent* qu'il fallait mettre, c'est *qui furent obligés*, puisqu'ils ne résolurent de vivre du travail de leurs mains que parce qu'ils *ne trouvaient l'hospitalité nulle part* ! Et certes *la résolution* de vivre du travail de leurs mains fut de leur part une sage résolution, puisque sans cela ils seraient morts de faim... Mais si les noms de ces hommes sont venus jusqu'à nous, ce n'est pas à coup sûr parce qu'ils ont fait des *souliers*, mais parce qu'ils ont enseigné la foi. Si l'on se souvient qu'ils ont travaillé, c'est justement parce qu'on s'étonne que ces hommes aient été réduits à travailler de leurs mains pour nourrir des hommes nuls qui vivaient dans l'oisiveté. On se souvient de leurs travaux comme on se souvient de leurs *tortures* ! L'auteur dit lui-même qu'on fit subir à ces deux hommes des *tortures extraordinaires* ! Eh bien, de même qu'il dit aux ouvriers : « Puisque saint Crépin a travaillé des mains, le travail est une bonne chose », pourquoi ne leur dit-il pas : « Saint Crépin a été *torturé* ! La torture est donc une bonne chose. Tâchez d'être torturés. »

Sans doute il vaut mieux être torturé que de renier ses croyances ou de plier son intelligence sous le joug de la servitude ! Voilà ce que ces hommes ont prouvé ; mais ils n'ont pas dit que la torture fût un plaisir ni que l'on dût courir après sans nécessité, et eux-mêmes s'en seraient bien passés, ainsi que du travail qu'ils ont subi comme une calamité et non aimé comme un bien.

L'auteur cite aussi un passage de saint Paul, où il est dit : *Celui qui ne veut pas travailler ne doit pas manger.* Sans doute ; mais ce n'est pas aux *ouvriers* qu'il faut dire cela, c'est aux riches. Je comprendrais cette raison si votre livre était adressé aux *oisifs* ; mais il est adressé *aux ouvriers*, c'est-à-dire aux hommes qui travaillent. Et ce que vous leur prêchez ce n'est pas seulement de travailler pour vivre, c'est de travailler pour amasser, parce que vous savez que pour amasser peu il faut travailler beaucoup... Et d'ailleurs quel est cet espoir dont vous leurrez l'ouvrier ? Quoi ! lorsqu'il aura perdu sa jeunesse, abruti son intelligence sous des travaux accablants, vous lui promettez un morceau de pain (encore lui tiendrez-vous parole ?) pour nourrir un corps infirme et usé, et le pain qui nourrit la plus noble partie de l'homme, c'est-à-dire l'âme, vous n'en parlez jamais ; vous parlez des saints, mais c'est pour vanter ce qu'il y a eu de matériel dans leur vie et non ce qu'il y a eu de divin !

Voici un échantillon des amusements de Ste-Pélagie : vous allez me dire : On ne met pas les gens à Ste-Pélagie pour qu'ils s'amusent ! Eh bien, cependant, ils s'amusent encore par moments (non à lire M. Égron). Mais chaque homme a un petit roman dans sa vie. On se raconte ses aventures, ses crimes même ; ainsi je me rappelle un homme qui se plaignait de mourir de froid dans le *chauffoir* (car il y a, à Sainte-Pélagie, un chauffoir dans lequel, par parenthèse, j'ai gagné un rhume atroce) : « Et dire, s'écriait-il, que je suis ici pour *une promptitude!* Ah! lui répondis-je, pourquoi donc êtes-vous ici? — Pour avoir brisé une bouteille sur la tête d'un homme ! Et vous? — Moi pour avoir brisé une plume sur la tête d'un homme ! Comment va votre homme? Est-il mort ou malade ? — Il est bien malade. Et le vôtre ? — Le mien? Il est mort! — Et vous n'êtes condamné qu'à 15 jours ? Vous plaisantez ! — Nullement ! »

Lorsque je suis sorti de Ste-Pélagie j'avais déjà parmi les prisonniers un grand nombre de connaissances, même d'amitiés, au point que plusieurs ont voulu me faire promettre de retourner les voir bientôt...

Avant que de sortir, l'on m'a fouillé de nouveau et l'on a déchiré une adresse qu'un prisonnier m'avait donnée pour que je fisse à son sujet une démarche. Comment feriez-vous, dis-je à l'homme qui me fouillait, si je me souvenais de cette adresse? — Mais nous ne pourrions pas vous couper la tête. — C'est dommage !.. On me laissa emporter néanmoins quelques fragments copiés dans le *Journal des Débats*, que j'ai cités plus haut, ainsi que l'article qu'on vient de lire... attendu qu'on ne pouvait *me couper la tête* et que cet article était caché dans mon cerveau.

Réponse aux défenseurs de M. Lamartine

On m'a reproché d'avoir calomnié M. de Lamartine en disant qu'un jeune homme de sa connaissance (M. Luirard) ayant passé il y a neuf ans par le Hâvre, où je demeurais à cette époque, m'avait recommandé de faire entrer le mot *Dieu* ou le mot *Ciel* dans la fin de toutes mes pièces de vers, afin d'être protégé. M. de Lamartine , j'en suis sûr, me rend justice à cet égard ; mais comme il ne me la rend pas tout haut, je suis obligé de donner quelques détails pour me justifier. Des gens que j'ai accusés la preuve à la main se sont dit : « Nous ne pouvons nous défendre pour notre compte , mais il accuse M. de Lamartine qui a une bonne réputation, défendons M. de Lamartine. Et si nous parvenons à faire croire qu'il a été calomniateur à l'égard de l'*illustre poète*, on pourra croire qu'il l'a été aussi à notre égard : il a des preuves contre nous , mais il n'a pas la preuve que M. Luirard lui a dit de faire entrer le mot *Dieu* dans ses vers. Il n'a pas de *reçu* de cela. » Eh bien, Messieurs, je vous demande pardon, je possède un *reçu* en vers écrit de la main de M. Luirard et signé de son nom. Le voici :

Vers insérés dans la *Revue du Hâvre* du 27 juillet 1839.

A M. Constant Hilbey.

A toi que font des jours bercés par l'opulence ?
Trésors, opulence et grandeur
Ne sont rien que néant, ombre, et vaine apparence,
Et la pourpre des rois cache autant de souffrance
Que l'humble habit du laboureur.

Mais aimer, mais grandir, mais dans l'âme profonde,
Refléter *Dieu* comme un rayon,
Le bercer dans sa vie où *toute gloire abonde*
Et se sentir d'espoir de quoi *plier le monde*
Un jour sous le poids de *son nom.*

Aimer, grandir, c'est tout, un jour, si l'insomnie
Un jour, si la douleur, l'amertume et l'ennui
S'unirent pour briser au vol ta jeune vie ;
A toi pour t'élever, pour te dresser, génie,
Le malheur est un point d'appui.

ANTONY LUIRARD.

Mais, me dites-vous, M. Luirard ne vous parle point de faire entrer le mot *dieu* dans vos vers, il vous dit de *refléter Dieu* et de le *bercer,* ceci n'a aucun sens pour nous. C'est précisément parce que cela n'a aucun sens pour vous, que vous devez penser que cela a un sens caché... Dieu est ici un mot de ralliement : assurément ce n'est pas parce que je servirai *Dieu* que *toute gloire abondera dans ma vie,* non, Dieu ne récompense souvent qu'après la vie ceux qui le servent ; mais je serai *protégé* par un parti qui veut *plier le monde sous le nom de Dieu.* M. Luirard ne m'avait pas dit que c'était sous la tyrannie, car il ne s'agit pas seulement de *bercer le bon Dieu,* il faut prêcher aux pauvres la résignation, la soumission. Cela est plus grave peut-être qu'on ne croit et peut montrer pourquoi l'on voit si souvent des hommes sortis du peuple prêcher au peuple des doctrines contraires à ses intérêts !

Quoi ! l'on vient vous dire: « Vous aurez de la gloire si vous faites comme cela ! » A vous, jeune homme dont le cœur bat au seul nom de gloire, on vient vous dire : « Vous avez du génie, » à vous, enfant, qui doutez de vous-même et qui tomberiez à genoux si l'on vous assurait que vous avez seulement une parcelle de talent ! et l'on veut que le jeune homme résiste, et qu'il réponde à celui qui est l'ami d'un des premiers poètes du monde (1) : « Vous êtes un intrigant et vous venez me

---

(1) Qu'on le comprenne bien, je ne veux pas dire que c'est par M. Lamartine que M. Luirard était envoyé pour endoctriner les jeunes écrivains. Je veux dire seulement que M. de Lamartine servait le parti par lequel M. Luirard était chargé de cette mission...

M. Luizard me fit cadeau des *poésies* d'André *Chénier,* j'aurai peut-être à parler plus tard des conséquences de ce cadeau.

corrompre ! » Non, cette pensée ne viendra pas à un jeune homme, à un tailleur qu'on vient trouver sur son établi ! non, il ne pourra croire que lui, qui n'est rien, qui n'a aucune influence, aucune renommée, peut-être aucun talent, on veuille le corrompre ! non ! il bénira l'homme généreux qui vient le trouver dans sa misère pour lui prodiguer des conseils et des encouragements !

Mais, quand ce jeune homme a composé un livre sur les utiles principes qu'on est venu lui inculquer, on dit : « Voyez, cet homme n'a reçu aucune instruction, il ne suit que l'inspiration de la nature et il se trouve de notre parti; notre parti est donc le bon ! » Voilà ce que vous dites au peuple; mais ce que vous ne lui dites pas, c'est que vous êtes allés jusque dans ses mansardes pour corrompre ses enfants !

Je fis tout mon possible pour suivre les conseils de M. Luirard, mais heureusement mon naturel l'emporta. D'abord je composai une pièce de vers intitulée : *A mon bon vieil ami M. L.....* Voici comment je fis arriver le mot *cieux* dans la dernière strophe :

> Quand le cruel trépas, de sa main meurtrière,
> De mon bon vieil ami fermera la paupière,
> Que vers les *cieux*, enfin, son cœur s'envolera,
> Que loin des plaisirs vains de ce monde frivole
> Après son cœur alors mon cœur aussi s'envole;
> Car mon bon vieil ami restera toujours là !

Qu'on me pardonne ces vers, je les ai jugés, puisqu'ils n'ont jamais été imprimés que dans *la Revue du Havre.* Dans une autre pièce de vers insérée au même moment dans la même *Revue,* et où je demandais une maîtresse, je terminais ainsi :

> Mais trouverai-je, hélas! cet ange salutaire,
> Le *ciel* est toujours bon, j'ai vingt ans, et j'espère !

Comme on voit, jusqu'ici je n'avais pas fait faire de bien grands pas au parti... Dans la suite je n'aurai pas beaucoup plus de reproches à m'adresser; on verra même qu'en voulant servir ce parti je lui faisais faire assez souvent des pas en arrière ! Voici une pièce de vers que j'adressai *aux Ouvriers* et qui fut également insérée dans *la Revue du Havre* (année 1837) :

> Si sous un riche toit vous n'avez pas dû naître,
> Pourquoi blasphémer Dieu, qui vous a donné l'être ?
> Tout mortel ne peut pas jouir d'un même sort;
> Et si pour les deux jours qu'il nous fit d'existence,
> Il a dans nos destins mis quelque différence,
> Nous sommes tous égaux quand arrive la mort.

Dans les deux premiers vers, j'avais raison et j'avais tort : j'avais raison, parce qu'on ne doit pas blasphémer Dieu à cause de la position dans laquelle on se trouve, puisque ce n'est pas Dieu, mais les hommes qui ont fait le partage de la terre. J'avais tort, parce que je déplaçais la question, parce que ce n'est pas Dieu que les pauvres accusent, mais les hommes qui les ont réduits dans cette position. J'avais donc raison de dire aux pauvres : « Ne blasphémez pas Dieu »; mais j'avais tort en leur disant « qu'ils n'avaient pas dû naître sous un riche toit, » car en leur défendant d'accuser Dieu, c'était rendre Dieu coupable de leur misère, tandis que Dieu ne fait naître personne dans telle ou telle condition, puisqu'il n'écrit sur le front de personne *tu seras riche*, ou *tu seras pauvre*, et qu'il fait naître chaque homme tout nu!

Nous ne pouvons pas tous jouir d'un même sort. Qui vous avait dit cela, M. Hilbey? C'était M. Luirard, n'est-ce pas? Pour la *différence que Dieu a mise dans nos destins!* C'est encore la même pensée et j'aurais dû songer que si, *quand arrive la mort*, nous sommes tous égaux, nous le sommes aussi lorsque nous naissons.

> D'ailleurs, qu'ont-ils les grands pour leur porter envie ?
> Si parfois la misère afflige votre vie,
> L'ambition, la haine empoisonnent la leur.
> Allez, chaque mortel, j'ai su le reconnaître,
> Soit prince ou bien sujet, soit serviteur ou maître,
> A sa part ici-bas de joie et de douleur.

Ah! doucement, M. Hilbey, vous pouvez dire que chacun ici-bas a sa part de joie et de douleur; mais vous ne devez pas dire que *la haine* et *l'ambition empoisonnent la vie des grands!* Vous pouvez dire qu'ils sont malheureux parce que le poste qu'ils occupent est pénible. Ecoutez M. Luirard : *Et la pourpre des rois cache autant de souffrance que l'humble habit du laboureur.* C'est-à-dire vous qui êtes laboureurs, *restez* laboureurs! N'enviez pas le sort des riches, laissez à ces grands malheureux le mal de supporte leurs *trésors*, leur *opulence* et leur *grandeur*, qui ne sont *que néant, ombre et vaine apparence!* Voilà ce que cela voulait dire; mais je l'avais interprété autrement, je m'étais demandé : Un ouvrier est-il aussi heureux qu'un roi? Oui! parce que le roi est *dévoré par la haine* et par *l'ambition*, au lieu que le pauvre, s'il est affligé par la misère, a du moins la paix de l'âme! Mais au point de vue de M. Luirard, c'était un fort mauvais langage, car on aurait pu dire au roi : Donne tes richesses au pauvre, il ne sera plus *affligé par la misère*, et tu ne seras plus dévoré par l'ambition! et tout le monde sera heureux!

Ce n'est point cela, il fallait dire : Les choses sont très bien comme elles sont, c'est *Dieu* qui veut qu'elles soient ainsi. Vous, ouvriers, vous êtes aussi heureux, souvent même plus heureux que des rois! Non pas que les rois soient *dévorés par la haine*, mais parce que leur tâche est plus difficile que la vôtre; vous devez même craindre, la tâche de roi étant si difficile, si vous n'êtes très-soumis, qu'il ne se trouve plus personne qui veuille être roi et vous gouverner! Voyez dans quel état vous tomberiez!

> Mais l'homme, fasciné par un éclat perfide,
> Toujours vain, inquiet, et de grandeur avide,
> Attend pour être heureux que ses rêves aient fui:
> Et de la vie, enfin, dévoilant le mystère,
> Son cœur ne reconnaît de bonheur sur la terre
> Que quand le Temps a dit qu'il n'en est plus pour lui.

Oui, celui qui est en bas a tort de désirer des grandeurs, car c'est vouloir qu'à son tour *l'ambition* et la haine empoisonnent son cœur. Mais il aurait tort aussi d'être content de sa *misère*; pour que tout le monde fût heureux, il faudrait qu'aucun ne fût *grand!* et qu'aucun ne fût *petit!*

> Oh! pour moi, quand j'ai su qu'en leur âme profonde
> Les rois, fiers et puissants, que jalouse le monde,
> Immolaient à l'orgueil l'amour et l'amitié,
> Combien le doux regard d'une amante adorée
> Ou la main d'un ami dans la mienne serrée
> M'ont fait prendre de fois les trônes en pitié!

On comprend qu'ici je gâte tout; car si les rois immolaient à l'orgueil, l'amour et l'amitié, il faudrait punir ceux qui veulent être rois, comme on punit un enfant pervers qui veut avoir un *joujou* plus beau que celui de son petit *frère.*

> Car leur vie, à ces grands, de plus longue durée,
> Est-elle, répondez, pour un temps assurée?
> Ou s'ils en ont le fil en leur suprême main?
> Non, le prince, oh! petits, objet de votre hommage,
> Que votre foule attend et salue au passage,
> Ne sait pas plus que vous s'il doit vivre demain!

Toujours aussi mal pensé.

> Et pour eux du trépas l'atteinte moins cruelle
> Épargne-t-elle un peu leur dépouille mortelle?
> Non. Voyez, sa rigueur est égale pour tous.
> De sa sanglante main, qui n'épargne personne,
> Le monarque, frappé sous l'or de la couronne,
> Devient dans le tombeau poussière comme vous.

Encore plus mal! On voit que je n'étais plus nullement dans la route que l'on m'avait tracée. Eh bien! après cela, j'avais la hardiesse de croire que je servais le *bon parti;* et, comme un homme exact et fidèle à ses principes, je faisais arriver le mot *Dieu* dans la dernière strophe, croyant avoir prêché aux pauvres la résignation, tandis que j'avais, au contraire, prêché *l'épouvante* aux riches!

Vie et biens dans un jour, et qu'un jour nous enlève,
Tout ici-bas n'est rien qu'agonie et vain rève.
Du seul juste au-dessus des mortels les plus grands,
Les siècles ne pourront effacer la mémoire ;
Car *Dieu*, qui lui réserve une immortelle gloire,
Fera vivre son nom jusqu'au-delà des temps.

Cette pièce de vers ne se trouve pas dans mon volume, et si je la cite ici c'est uniquement pour l'importance des preuves qu'elle me fournit.

Comme je l'ai dit dans ma précédente brochure, *arrivé à Paris, je ne tardai pas à m'apercevoir que ceux qui parlaient le plus de Dieu étaient ceux qui y pensaient le moins. Toutefois Lamartine fit alors exception dans ma pensée*, je ne pus croire qu'un homme qui avait un si beau génie descendît à de semblables calculs ; je voyais un grand nombre d'écrivains hypocrites terminer leurs articles par le mot *Dieu*, mais je me disais : ce sont là des auteurs subalternes, M. Lamartine est au-dessus de toutes ces misères ! et ne prend pour règle que son génie et la vérité ! Oui, j'étais encore dans ces sentiments lorsque j'écrivis à M. de Lamartine. Cependant, craignant peut-être à mon insu de le trouver moins parfait que je ne me le figurais, je mis dans ma lettre ces mots :

« *Si l'on doit se défier d'une admiration. c'est de celle qu'on voue à un auteur qui agit différemment qu'il ne parle ; vainement ses paroles séduisent-elles quelquefois par une trompeuse limpidité, quand la source est empoisonnée nulle goutte ne peut être saine !* »

Certes, on le voit, j'avais renoncé *au parti*, et ces paroles voulaient dire : « Si vous étiez ainsi, vous n'auriez pas besoin de me recevoir, je ne pourrais sympathiser avec vous ! » Aussi, ce qui me fit le plus de peine dans la lettre de M. de Lamartine fut de le voir, après lui avoir écrit des paroles si franches, me répondre ironiquement ; car ce qui jusqu'alors n'avait été qu'un soupçon dont je ne me rendais pas même compte, devint une certitude..... et l'assurance de *sympathie* que m'envoya M. de Lamartine, me montra clairement qu'il n'y en avait aucune entre nous !

C'est une dure chose que d'être obligé de briser ses idoles ! et les poètes en se montrant autres qu'ils ne sont font plus de mal qu'ils ne croient.

M. de Lamartine m'avait dit dans ses vers : « Excepté l'amour, la religion et la poésie, tout n'est rien sur la terre. » Moi je le crois et cherche en lui un refuge contre le matérialisme d'un siècle grossier ! Lorsque j'ai à soutenir des luttes contre les préjugés de la société, je m'appuie sur cet homme parfait qui me donne sa vie en exemple, je me dis : Sur la terre, on sacrifie tout aux préjugés, à la fortune ! mais sur cette même terre il y a des hommes qui ne révèrent que l'amour, la justice et la vérité ! et ces hommes sont réputés les plus grands ; je puis fouler aux pieds cette société mauvaise et corrompue ! j'ai des guides, des modèles, des appuis ; et quand, à mon tour, les hommes me fouleront aux pieds, je leur dirai : que m'importe ! vous êtes des aveugles ! pour moi, je marche dans la bonne voie, car je suis des anges de lumière ! Si l'on me demande quels sont ces anges, je réponds d'abord : M. de Lamartine. — Lamartine, me dit-on, il fait comme nous ! il a chanté *Elvire* et l'amour profond et éternel ; mais il est marié à une femme qui n'est point Elvire ! Elvire est oubliée dans la terre ou n'a jamais existé ! Il a parlé d'*Elvire* comme il parle de *Dieu*, parce que cela arrangeait ses affaires ! il parle souvent du peuple et paraît le défendre ; mais il n'oublie pas pour cela de *faire restaurer splendidement son hôtel !* et si vous vous adressiez avec vos sentiments à ce guide, à cet ange de lumière, il vous foulerait aux pieds comme nous faisons ! » Alors je m'adresse à M. de Lamartine et je lui dis : « On vous calomnie, oui ! vous êtes fidèle au souvenir d'Elvire, et vous n'attendez que le bienheureux moment de la revoir dans les *cieux !* Dieu vous a retiré de bonne heure cet ange pour éprouver votre vertu, mais votre vertu n'a pas chancelé ! Oui, vous parlez de Dieu non par calcul, mais parce que vous croyez à Dieu ! Non, vous n'avez pas un *hôtel splendide*, tandis que le peuple, que vous aimez tant, manque de pain pour se nourrir ; et, si vous ne donnez pas aux pauvres les trois quarts de votre fortune, c'est que vous en avez besoin pour être député et défendre les droits du peuple ! Voilà ce que, dans ma pensée, j'adresse à cet homme, et il m'envoie, pour me rassurer, *sa considération distinguée !*

Que si l'on me demande : vous trouvez donc M. de Lamartine un écrivain bien imparfait ? je répondrai : « Je crois M. de Lamartine l'écrivain le plus parfait de notre époque, et c'est pourquoi je voudrais lui voir plus de perfection... En vain dit-on que la perfection humaine n'est point possible ; de tels propos ne sont bons qu'à autoriser des faiblesses, et M. de Lamartine, avec l'âme élevée et le génie qu'il avait, pouvait être plus utile au monde qu'aucun poète ne l'avait été jusqu'ici, parce que M. de Lamartine avait compris la bonne voie. Pourquoi ne l'a-t-il pas suivie jusqu'au bout ? M. de Lamartine, fidèle au souvenir d'Elvire, serait pour nous un modèle de vertu qui, sans jamais parler de Dieu, nous ferait croire à lui !... Il manque à l'humanité un modèle de ce genre. Héloïse et Abeilard se sont beaucoup aimés, mais leur amour tenait trop de la chair et eux-mêmes l'ont blasphémé ; ils appelaient souvent *crime* ce qui devait faire leur plus belle gloire ! Pétrarque a beaucoup aimé Laure ; mais tandis que Laure avait un mari, Pétrarque avait une autre maîtresse pour satisfaire ses sens : je vois là un amour loin de la perfection ! Abeilard et Héloïse en approchent davantage, et même en approchent assez pour montrer qu'elle peut être atteinte. Eh bien ! sans nul doute si M. de Lamartine eût senti l'amour ainsi qu'il l'a exprimé, et qu'il eût persévéré dans ces sentiments de foi, il eût surpassé en gloire Pétrarque et Abeilard ; et, je le répète, ce n'est pas là un exemple futile, c'est le plus essentiel à l'humanité. C'est l'amour qui fait le bonheur ou le malheur de tous les hommes, et ce sentiment est presque toujours immolé à des intérêts et à des *convenances !* comme si la seule convenance raisonnable n'était pas l'union des cœurs qui se conviennent ! Il faudrait donc un homme fort pour ouvrir une voie nouvelle et montrer, par un exemple, que l'amour ne doit s'immoler à rien ! et que lorsqu'il est pur il est la plus belle de toutes les vertus !

Nous avons, pour nous soutenir dans nos luttes contre le malheur et le désespoir, un modèle parfait, c'est Jésus-Christ ! mais il ne nous a pas donné l'exemple des vertus conjugales ; il fallait, avec une mère, une épouse au pied de la croix !

Comme quoi l'Académie n'est pas une cage à rossignols.

MM. Victor Hugo et Granier de Cassagnac ne sont pas les seuls qui disent aux ouvriers *de rester ce qu'ils sont*, et j'ai vu un certain M. de Pongerville... Connaissez-vous Monsieur de Pongerville ?... Non... Eh bien, je vais vous le faire connaître : sachez d'abord qu'il est membre de l'Académie française, et qu'il a adressé à M. Alexis Durand, poète menuisier à Fontainebleau, les vers que voici :

> Viens-tu, fuyant l'étude et ses paisibles fêtes,
> De la célébrité défier les tempêtes,
> Échanger le doux luth que tu reçus du ciel
> Contre un mordant crayon qu'il faut tremper de fiel ?
> *Reste sous le feuillage*, il n'est jamais trop sombre,
> L'accent du rossignol est plus touchant dans l'ombre.
> Au titre d'artisan ta raison a souscrit,
> Le travail de ton bras délasse ton esprit !
> Artisan et lettré, cet heureux privilége
> Contre l'oisif ennui doublement te protége.

Avant d'analyser les vers que l'on vient de lire, j'en vais citer quelques-uns de M. Alexis Durand, afin que l'on sache quel est l'homme auquel s'adresse M. de Pongerville :

> C'est le secret des rois pour survivre à la tombe !
> Avec moins de regrets leur majesté succombe,
> Quand ils ont dit je meurs, je quitte les humains,
> Mais au moins les palais qu'ont élevés mes mains,

Laisseront de ma gloire un titre impérissable.
Ainsi vous imprimez vos grandeurs sur le sable;
Insensés! mais le temps, cet autre potentat,
Qui remet chaque chose en son premier état,
Confondant un espoir si souvent chimérique,
Brise, dévore tout, moins la page historique
Où brillent vos vertus et vos crimes, ô rois!

. . . .

Oh! douces voluptés du printemps de la vie!
Illusion d'un jour, hélas trop tôt ravie,
Ton souvenir échappe à mes regrets amers,
Comme un vaisseau qui fuit sur la vague des mers!

Certes il y a dans ces vers un autre poète que dans ceux de M. de Pongerville. Et je ne vois pas pourquoi M. de Pongerville dit à M. Durand *de rester sous le feuillage* et de ne point venir défier les *tempêtes* de la célébrité. Je comprends que l'homme qui ne se sent point de talent craigne ces tempêtes; mais pour celui qui a du talent, la plus cruelle *tempête* c'est l'obscurité, et puisque M. Alexis Durand, de l'aveu de M. de Pongerville, a reçu du ciel *un doux* luth, ce n'est pas pour laisser ce luth dans l'inaction. Le talent sans la célébrité est inutile, et étudier pour soi seul, c'est mettre *la lumière sous le boisseau!* Pourquoi d'ailleurs l'homme de talent qui vient réclamer sa place est-il obligé d'échanger son *doux luth* contre un *mordant crayon.* C'est que toutes les places que mérite le talent sont occupées par des intrigants. Que faites-vous, par exemple, vous M. de Pongerville, d'une place à l'Académie qui ne peut même réussir à vous rendre célèbre? Rien, absolument. Et la gloire a pour vous des *tempêtes*, parce que, malgré les postes que vous occupez, la gloire ne veut pas de vous! Si l'Académie ne recevait dans son sein que des hommes de talent, tous ses membres seraient illustres; car pour rendre le talent célèbre il ne faut que l'exposer au jour. Les poètes dont vous prenez la place ne sont pas célèbres, parce qu'on ne les voit pas assez, et vous n'êtes pas célèbres, parce que l'on vous voit trop! Donnez vos places à ces hommes, et ils illustreront l'Académie qui ne peut vous illustrer! La célébrité alors n'aura plus de *tempêtes*, elle n'aura que *des fêtes*; mais conçoit-on pareille misère? M. de Pongerville, ami de l'obscurité, se place à l'Académie, et crie de là à M. Alexis Durand, ami de la lumière : *Reste dans l'obscurité!* Sans doute il lui dit cela en termes fort gracieux : *Reste sous le feuillage, il n'est jamais trop sombre!* Vous vous dites, j'en suis sûr, M. de Pongerville a raison, plus le feuillage est sombre et plus il est beau! Vous vous figurez voir un magnifique ombrage, que traversent à peine quelques rayons dorés du soleil! Et ce tableau vous enchante, et vous vous dites : « Je voudrais bien passer l'été en un lieu si charmant! et M. Durand aurait grand tort de vouloir s'en échapper...» Voilà comme les comparaisons sont trompeuses. Car ce n'est pas sous ce magnifique ombrage que M. de Pongerville entend faire *rester* M. Durand : *Reste sous le feuillage*, veut dire en termes moins gracieux : « Mon ami, reste à raboter tes planches , » tandis que moi, avec les 1500 francs que je touche à l'Académie, j'irai sous le feuillage véritable ! Regardez comme ceci change tout à coup l'aspect des choses. Voilà le *feuillage* de M. Durand... Un sombre atelier et des morceaux de bois où il ne se trouve pas la moindre feuille... Eh bien , voulez-vous, gens riches, qui bientôt allez quitter Paris pour passer la belle saison sous les ombrages de vos parcs, voulez-vous vous contenter pour une semaine seulement du *feuillage* de M. Durand?... Mais ce *feuillage*, ce n'est pas seulement un atelier, c'est-à-dire une chaîne pour l'homme, c'est aussi l'obscurité pour le poète, et alors plus le *feuillage est sombre* et plus il est horrible ! C'est du moins ce que pensait Gilbert quand il s'écriait :

> Tel est mon sort, bientôt je rejoindrai ma mère...
> Et *l'ombre* de l'oubli va tous deux nous couvrir...

C'est du moins ce que pense M. Durand lui-même, puisqu'il répond à M. de Pongerville :

> Je verrai si je puis me résoudre à me taire...

Mais , s'écrie M. de Pongerville : *L'accent du rossignol est plus touchant dans l'ombre!* Nous voilà encore avec nos images! Voyez-vous M. Durand sur une petite branche d'arbre..., ne bougez pas .. il va s'envoler !... Non, n'ayez pas peur. Ce *rossignol* est dans son atelier une *varlope* à la main... et il ne va pas s'envoler parce que les *oiseleurs* ont soin de lui couper les ailes...

> Au titre d'artisan la raison a souscrit.

Ce n'est pas la *raison* qui souscrit à cela, c'est la *nécessité*.

> Le travail de ton bras délasse ton esprit.

Voilà, par exemple, un épouvantable mensonge; car rien ne lasse plus l'esprit d'un homme qui veut se livrer aux travaux de l'esprit que les occupations matérielles qui viennent l'en empêcher. *Cet heureux privilége*, oui l'heureux privilége de travailler 14 ou 15 heures par jour pour se délasser!... On pourrait encore augmenter le privilége de M. Durand , en le forçant à travailler. Aussi, la nuit, dans la crainte que son esprit ne se fatigue tandis que son corps est en repos *contre l'oisif ennui doublement te protége*. Oui , à votre compte, M. Durand doit être bien *protégé*.. contre l'ennui... Malheureusement encore votre compte n'est pas juste... Si la vie est pour vous *oisive et ennuyeuse*, c'est que votre esprit n'en peut remplir le vide..

Mais M. Durand, s'il ne travaillait pas des bras, ne serait pas pour cela un moment dans l'oisiveté... Ce qui est un ennui pour M. Durand, c'est au contraire l'activité du corps qui tue l'activité de l'âme et refoule toutes les nobles pensées qui demandent à s'en échapper... M. Durand connaît l'ennui parce qu'il est enchaîné dans un atelier, vous connaissez l'ennui parce que vous êtes à l'Académie; mais donnez votre place à M. Durand et allez prendre la sienne, vous ne vous ennuierez plus ni l'un ni l'autre, et ce sera de votre part un acte de justice, puisque M. Durand est un *rossignol* et qu'à coup sûr vous n'en êtes pas un... Et cet acte vous donnera plus de gloire que ne pourraient jamais faire tous vos vers .. Voyons, voulez-vous ?... — Ah ! mais cela ne se peut pas... — Pourquoi ?— Parce que... l'académie n'est pas une cage à *rossignols*... —Oh ! à cela, M. de Pongerville, je n'ai pas un mot à répondre ! Et si vous aviez toujours parlé ainsi vous n'auriez eu de moi que des louanges.

Réponse à l'Époque et aux Guêpes.

M. Granier de Cassagnac, craignant sans doute de m'avoir rendu trop vain en me comparant autrefois à *Jehova*, a inséré dans l'*Epoque* un article des *Guêpes* de M. Alphonse Karr, où, pour m'humilier, l'on me met au-dessous d'*un journaliste* ! C'est bien s'y prendre en vérité. M. Granier de Cassagnac n'a pas répondu pour se laver de mes imputations, il a préféré, comme dit la *Semaine*, faire *vider cette affaire par les tribunaux* ! Et comme cette affaire a été vidée d'une façon *glorieuse* pour M. Granier de Cassagnac, la seule chose qu'il croie devoir *prouver* aujourd'hui, c'est que je n'ai *point de talent*, c'est-à-dire qu'en me vantant autrefois il a trahi la vérité. Eh bien, c'est là un aveu que je n'aurais osé demander à M. de Cassagnac, et à coup sûr s je le traitais aussi mal qu'il se traite lui-même , il m'intenterait un nouveau procès en diffamation.

De toutes les critiques qui ont paru contre moi, celle de M. Alphonse Karr est, sans contredit, la plus absurde et la plus insignifiante : elle est même insignifiante au point que je pourrais parfaitement me dispenser d'y répondre; mais comme M. Karr a une réputation, plus son article est absurde et plus il est à propos de le citer pour faire voir ce que c'est qu'une réputation dans notre siècle de réclames !

M. Victor Paquet est un ouvrier jardinier comme M. Hilbey est un ouvrier tailleur; mais nous nous permettrons de faire ici une compar son entre eux : M. Paquet était bon praticien, il est devenu théoricien savant, écrivain suffisamment correct et journaliste spirituellement railleur. Mais il est resté jardinier, il a dirigé toutes ses études, tous ses travaux vers le jardinage, il a élevé sa profession et s'est élevé avec elle; il n'a pas cru que l'esprit qu'il avait reçu de la nature et l'instruction qu'il s'était donnée lui-même l'obligeassent à faire des tragédies. Il a compris ce que nous avons dit dans les Guêpes il y a plusieurs années, à propos de lui je crois : Que l'égalité ne consiste pas à être tous la même chose, mais à arriver au même degré d'excellence chacun dans sa sphère.

Ceci veut dire qu'un *excellent* chiffonnier est l'égal de Corneille, si toutefois Corneille est un *excellent* poète ; car si, comme le pense M. Granier de Cassagnac, Corneille ne fait guère que *de la prose rimée*, Corneille, selon M. Alphonse Karr, n'est pas l'égal d'un *excellent* chiffonnier!... Maintenant je demanderai à M. Alphonse Karr qu'est ce qui assigne à *chacun sa sphère*? Voici pour moi ce qui m'a assigné la mienne : Né dans une petite commune de la Normandie (à Magny-le-Freulle, département du Calvados), de parents fort pauvres, à six ans on m'envoya à l'école et je montrai une telle facilité pour apprendre, que mon maître, qui était à l'égard de mes camarades d'une sévérité fort grande, ne m'a jamais puni une seule fois, et que lorsqu'on parla de me retirer de l'école (à 13 ans) il offrit à mes parents de me garder gratuitement. Mon père prétendit qu'il était temps de me mettre à gagner de l'argent. Provisoirement on me fit gardeur de vaches, précisément chez le père d'un de mes camarades d'école que mon maître, loin de vouloir garder gratuitement, avait voulu plus d'une fois renvoyer à ses parents. Je me trouvai le dernier serviteur de celui dont souvent j'avais été le maître. Mais on ne se contenta pas de me donner des vaches à garder : il y avait dans la maison un enfant, on m'en donna aussi la garde... Je ne l'eus pas longtemps : pour m'en débarrasser je lui fis peur d'un chien *enragé*, auquel pour être *enragé* il ne manquait que la *rage*! Quant aux vaches, né avec un grand amour de la liberté, je ne voulus point les rendre captives, je les laissai courir tout à leur aise... Mais les malheureuses, ne montrant aucun respect pour le droit de propriété, et voyant chez le voisin de plus belle herbe que chez elles, elles coururent la dévorer!... Les voyant joyeuses je les laissai faire... Je ne dirai pas quels foudroyants anathèmes me valut ce trait d'humanité ! Je dirai seulement que je fus déclaré incapable d'occuper plus longtemps ce poste. Mon père me plaça chez un autre cultivateur : le premier jour un cheval me mordit; je brisai *un collier* et je perdis *une sangle*; je fus encore dépossédé de mon emploi. Mon père, voyant que je n'étais *bon à rien*, résolut de faire *un sacrifice* pour me faire apprendre un métier; le métier de tailleur, c'était celui pour lequel j'avais le plus d'aversion, mais celui dont l'apprentissage coûtait le moins cher. Une carrière me souriait : j'aurais voulu être prêtre; mais mon père était trop pauvre pour pouvoir m'envoyer au séminaire. Parmi les professions manuelles une seule aurait pu me consoler un peu de la prêtrise que j'abandonnais avec regret(1): c'était celle de *tourneur en bois*. Mon père et moi nous allâmes chez un tourneur de Mezidon (M. Salomon), pour traiter de mon apprentissage : le tourneur demanda *deux cents francs*; mon père me déclara qu'il lui était impossible de réunir même la moitié de cette somme, et comme un *tailleur* offrait de m'apprendre son métier pour *trente francs*, il fut décidé, malgré mes larmes et mes menaces de me jeter à la rivière, que l'on ferait de moi un tailleur. Voilà, Messieurs, comment je me trouve dans cette *sphère*. Pour le camarade d'école chez lequel on m'avait mis à garder les vaches, ses parents, voyant qu'il ne pouvait rien apprendre chez un maître d'école de la campagne.., l'envoyèrent au collége (à Caen) pour en faire un grand personnage : il sera peut-être un jour député et nous fera des lois sur la *diffamation*. Voilà comment aussi ce Monsieur se trouve dans sa sphère !

M. Hilbey, au contraire, a pris l'ennui de la couture pour le génie de la poésie : c'était un premier tort. Mais ce tort il n'en devait compte qu'à lui-même, il en a eu un second: il avait quelque argent, il a donné de l'argent pour faire jouer une comédie, il a donné de l'argent pour se faire dire du bien dans les journaux. M. Hilbey n'a point de talent.

Sur ce point nous sommes d'accord. Seulement je vous ferai observer que votre rédacteur en chef, M. Granier de Cassagnac, celui que vous voulez flatter... en parlant ainsi... ne pense pas comme vous, il trouve que mon vers est *élevé, noble et beau* ! Que je suis *un poète, et qu'un poète c'est beaucoup plus qu'un versificateur*. (Voy. *la Presse* du 18 novembre 1839.)

Sa pièce jouée, les réclames payées n'ont rien pu y changer. Cela n'a rien changé à mon talent, mais cela a changé à ma réputation. Je n'avais pas à la vérité une vaste renommée, mais j'en avais à proportion de mon argent. Je n'en avais acheté que pour cinq mille francs, je n'en pouvais pas avoir comme pour cent mille francs!

Il s'en est pris alors à ceux qu'il avait payés ! Moi? oh, les respectables gens! j'ai dit, au contraire, qu'ils m'avaient donné des éloges

---

(1) Si l'on m'avait dit que *huit ans plus tard* on m'offrirait de m'envoyer au séminaire et que je refuserais, je n'aurais pas voulu le croire ; la chose est arrivée cependant : en 1837, des prêtres *de Fécamp* ayant vu de mes vers dans les journaux, me firent offrir de m'envoyer au séminaire, à Rouen, pour faire de moi *un prédicateur*. Il n'était plus temps... j'aimais une femme !...

pour plus que mon argent!... Si j'ai raconté ça au public c'était uniquement pour leur faire plaisir... et pour leur procurer des pratiques!... Est-il possible de méconnaître ainsi mes intentions!

Il a publié les transactions qui avaient eu lieu selon lui , il a fait comme ces gens qui sautent dans le ruisseau pour éclabousser les passants! Je ne me souviens pas d'avoir sauté dans un ruisseau quelconque... je me souviens d'avoir dit que les journalistes étaient des imposteurs et de l'avoir prouvé. Est-ce là ce que vous entendez par *sauter dans le ruisseau?...*

Les gens attaqués ont nié. Vous me feriez plaisir en me disant quels sont les gens, autres que M. Granier de Cassagnac, qui ont *nié* (1)? Est-ce le directeur de l'Odéon?.. non. Est-ce le *National?* non. Est-ce le *Courrier français?* non. Est-ce la *Patrie?* non. Est-ce la *Gazette de France?* non. Est-ce la *France?* non. Est-ce le *Commerce?* non. Est-ce le *Droit?* non. Est-ce la *Presse?* non. Est-ce le *Siècle?* non. Le *Siècle* a répondu, mais ça été pour avouer tout, d'une manière, à la vérité, peu franche, mais qui n'en vaut que mieux pour moi, puisqu'elle montre combien le journal le *moins compromis* se trouve embarrassé.. , et que le silence des autres vient de l'impossibilité totale d'articuler une réponse... *Il n'est resté bien prouvé qu'une seule chose, c'est que M. Hilbey avait voulu se faire une réputation, non avec son talent, mais avec son argent.*

S'il n'est pas prouvé que l'on ait reçu mon argent, il n'est pas prouvé non plus que j'aie voulu me faire une réputation avec mon argent. Quoi! vous me blâmez d'une action sans vouloir convenir que je l'ai faite... C'est comme si vous disiez à un homme : Il est prouvé que vous avez tué votre père, mais il n'est pas prouvé que votre père est tué.

Choisissez, ou les journalistes qui m'ont vanté sont des imposteurs et des mercenaires, ou je mérite les éloges qu'ils m'ont donnés; et alors je suis *un phénomène*, un *Jean-Jacques*, un *Jéhova!* etc. Vous voyez que je n'ai pas d'intérêt à prouver que de tels éloges sont le fruit de mon argent.

---

(1) M. Granier de Cassagnac a nié!... Oui; mais en niant il m'a donné le droit d'attaquer en restitution M. Pravaz, caissier au journal *la Presse,* auquel j'ai remis, le 18 novembre 1839, *quatre couverts et six petites cuillers d'argent* en paiement d'un article signé Granier de Cassagnac, qu'il m'a apporté chez moi. M. Pravaz ne nie point ce fait. Il le nie si peu qu'il a lui-même assigné M. Granier de Cassagnac *en garantie!* Ainsi j'assigne M. Pravaz, M. Pravaz assigne M. Granier de Cassagnac. Qui M. Granier de Cassagnac assignera-t-il ? je l'ignore !

Cette affaire dort depuis longtemps déjà au rôle de la cinquième chambre. S'éveillera-t-elle un jour? je l'espère!... .

Je n'ai aucuns mauvais sentiments contre M. Hilbey. Tiens ! mais cela va sans dire. Pourquoi voulez-vous qu'on vous suppose de mauvais sentiments contre moi... Ne voit-on pas bien que vos paroles sont dictées par la bonne foi, l'amour de la justice et la haine de la vénalité ? Je vais faire voir par un passage des *Guêpes* combien vous avez de haine pour la vénalité.

« Il m'est difficile de comprendre la prédilection marquée de sa majesté Louis-Philippe pour les poètes patois ; ceux qui écrivent en français sont loin d'être traités avec la même faveur. M. Jasmin, coiffeur, a reçu du roi une montre avec des breloques et toutes sortes de politesses. . . . . .

. . . .

Je sais, pour ma part, que lorsqu'on apprit en France la mort de la princesse Marie, fille du roi, *je fus touché au plus haut degré* de cette fin si inattendue et si prématurée, et le soir même de la nouvelle, je fis imprimer dans *la Presse* un chapitre où, en racontant quelques détails de la vie et de la mort de la princesse, j'exprimai avec *émotion* les regrets de tout le monde sur la perte d'une femme jeune, belle et heureuse, d'une femme d'esprit et d'une artiste distinguée. Ces lignes n'avaient rien de littéraire, c'était *comme un cri* parti du cœur. Tout le monde fut heureux de voir ainsi formulés ses propres sentiments : eh bien, l'horreur de la langue française est telle, qu'on ne me fit pas même remercier. »

(Les Guêpes de janvier 1844).

A-t-on vu M. Alphonse Karr regretter sa chère *émotion* qui ne lui avait pas valu de *breloques* bien qu'il eût été *touché au plus haut degré*! Cela vous apprendra, M. Karr, à être *touché d'avance*. Croyez-moi, une autre fois ne vous exposez pas à perdre vos *émotions*, faites-vous faire, avant de rien *éprouver*, un bon marché devant notaire où il soit spécifié combien chaque soupir devra vous être payé. Au reste, M. Alphonse Karr est un homme qui ne peut jamais perdre rien. Voyant que sa chère *émotion*, sur laquelle il avait tant compté... ne lui avait rien rapporté, il se dit : « Tout espoir n'est pas perdu... le roi est en train de donner des breloques, faisons dans les *Guêpes* une réclame à mon *émotion*. » Eh bien, M. Karr a tant soupiré, tant crié, tant réclamé, qu'enfin il a obtenu la croix d'honneur ! J'espère que sous cette croix bat un noble cœur !

Et M. Karr me dit qu'il n'a *aucuns mauvais sentiments* contre moi ! pourquoi en aurait-il ? On comprend qu'il en ait eu contre M. Jasmin, parce que M. Jasmin lui faisait concurrence ;... mais M. Karr doit bien voir que je ne prends pas le chemin qui mène aux croix d'honneur et aux *breloques* ! Il est vrai que *tout chemin mène à Rome*, et que souvent la rigidité n'est qu'un moyen plus sûr d'y arriver promptement...

Cela est vrai ; à tel point qu'un homme étant venu me voir, à l'occasion de ma brochure, m'a dit avant d'entrer chez moi : « Monsieur, vous m'avez paru un honnête homme ! mais je suis Espagnol et je sais que les Français commencent toujours par être honnêtes... Si votre but était de finir autrement... par grâce, ne m'ouvrez pas votre porte... » J'ai ouvert ma porte à cet homme, et il reconnaîtra, au jugement dernier, que j'étais digne de sa visite... En attendant le jugement dernier, si jamais le public me voit recevoir des *breloques*, des croix ou autres choses pareilles, je lui répète ce que m'a dit l'Espagnol : « Par grâce, n'ouvrez plus votre porte à mes livres.

Il était venu me voir dans ma retraite de Sainte-Adresse, en se rendant à Paris. Ah ! voici ; M. Alphonse Karr s'est dit : « Ce tailleur apprend qu'il s'est adressé autrefois aux écrivains en renom et il ne me compte pas... Je vais me compter moi... ce sera d'ailleurs une excellente occasion de parler *de ma retraite de Sainte-Adresse.* Il est vrai que je suis allé jusque chez M. Alphonse Karr dans sa *retraite de Sainte-Adresse ;* vous entendez bien, dans sa *retraite de Sainte-Adresse !* N'allez pas oublier, surtout, que c'est dans sa *retraite de Sainte-Adresse.* Il faut le dire, j'y fus conduit par une circonstance : me trouvant, en 1843, au Havre, où j'ai travaillé cinq ans de mon métier de tailleur, un de mes amis, attaché à la bibliothèque du Havre, me dit que M. Alphonse Karr habitait Sainte-Adresse et qu'il l'avait plusieurs fois invité à l'aller voir. « Eh bien, lui dis-je, conduisez-moi chez M. Alphonse Karr. » Je l'avoue, M. Karr dût-il en prendre contre moi *de mauvais sentiments*, à Paris je n'aurais pas été le voir ; mais Sainte-Adresse était un but de promenade, et je me dis : « Les gens sont ordinairement meilleurs à la campagne qu'à la ville où la vie est plus agitée et où les hommes, poussés par la rapidité des choses, ont à peine le temps de descendre dans leur âme. Il est difficile d'être méchant sous un beau ciel ! » Je comptais donc beaucoup sur le ciel et sur l'influence de la nature pour trouver un auteur qui ne fût pas trop féroce ! Nous fûmes parfaitement reçus chez M. Alphonse Karr ; seulement, comme alors je ne savais pas que M. Alphonse Karr n'avait de vénération que pour les chiffonniers, j'avais cru devoir prendre, pour aller chez un homme de lettres, non *un croc et un panier*, mais une pièce de vers. Jusqu'au moment où j'appris à Alphonse Karr que je faisais des vers, son accueil fut brillant : mais, en entendant parler de vers, sa figure devint sombre au point que lorsqu'il eût fini de lire la pièce que je lui avais présentée, je crus qu'il allait nous dire : « Mes bonnes gens, allez vous-en chez vous. » Il n'en fut pas ainsi ; M. Karr me dit avec la modestie qui le caractérise : « Je vous dirai le contraire de ce que disait Voltaire : *Ne faites plus d'habits.* » Ceci me parut quelque peu pédant. Je n'attendais de personne de savoir si je devais faire ou non des habits.

Ce que j'attendais c'était que quelqu'un m'aidât à franchir les premiers obstacles de la carrière que je voulais parcourir. Aussi la pédanterie de M. Alphonse Karr disparut-elle à mes yeux lorsque je l'entendis m'offrir des lettres de recommandation pour Paris. Voyant que M. Alphonse Karr me recommandait à des journalistes (à MM. Dujarrier et Louis Desnoyers), je pensai qu'il allait leur donner l'exemple en s'occupant de moi dans les *Guêpes*, et en retournant de Ste-Adresse au Havre je disais à mon compagnon : « Voilà un excellent homme ! Et dire que c'est un auteur ! Décidément j'avais des préjugés contre les auteurs. » J'arrivai à Paris avec mes lettres de recommandation. Je crois, Dieu me pardonne, qu'elles voulaient dire : Gardez vous bien de laisser percer cet homme-là ! » car non-seulement les hommes auxquels elles étaient adressées n'ont rien fait pour moi , mais ils m'ont nui en plus d'une circonstance. Ce qui, surtout, m'a prouvé que ces lettres avaient une telle signification, c'est que M. Karr a parlé de moi dans les *Guêpes* du mois suivant, mais sans citer mon nom... et seulement pour faire savoir qu'il avait reçu dans *sa retraite de Ste-Adresse* la visite d'un rimeur. Voici comment il s'exprimait :

« Moi-même j'ai, dans ma *solitude*, reçu la visite dernièrement *d'un tailleur qui fait de fort jolis vers.*

Il y a quelque part un boulanger poète, et ailleurs un serrurier qui fait des chansons..... tous ces ouvriers qui quittent leur état pour faire des vers, ne me présentent *qu'un symptôme alarmant*, des conséquences qu'on doit espérer de la vulgarisation de l'éducation. »

(Les Guêpes de novembre 1843.)

Il m'avait intéressé. M. Karr dit cela afin que si l'on venait à savoir qu'il m'avait donné des lettres, sa conduite ne parût pas équivoque. *Si j'avais été à portée de lui donner des conseils, je l'aurais empêché, je l'espère, de suivre cette route qui le conduira tout au plus à redevenir tailleur. Je déclare qu'un mauvais poète n'est pas l'égal d'un bon tailleur !* Si vous *déclarez*, moi je *déclare* aussi... que je ne tiens nullement à être l'égal *d'un bon tailleur*, pas même *d'un mauvais tailleur* ! Je ne tiens qu'à une chose, à démasquer les fourbes et les hypocrites. Ils veulent empêcher les jeunes gens de se faire connaître; moi je veux les faire connaître pour venger les jeunes gens. Vous êtes des étouffeurs, je suis un étouffeur aussi; seulement il y a entre vous et moi cette différence que vous voulez étouffer les autres par l'obscurité, et que moi je veux vous étouffer par la lumière !

La saison des bons dîners pour les Journalistes.

Au moment où je termine cette brochure, les journaux *populaires*, c'est à-dire qui font métier d'être tels, veulent envoyer les Français se battre en Pologne pour la liberté. Je suis parfaitement de l'avis de ces journaux. Courons, Français ! courons conquérir pour les Polonais la liberté, tandis qu'en France on construit des bastilles, et que nos frères travaillent quinze heures par jour pour mourir de faim dans une liberté complète ! Courons, Français ! conquérir pour les Polonais la liberté de la presse, tandis qu'on condamne nos écrivains et nos imprimeurs dans une liberté complète... courons... Seulement il faut nous entendre : que répondrions-nous si les Polonais nous disaient comme Jean-Jacques au roi de Prusse : Peuple français, peuple de braves, *tu nous offres de la liberté, n'y a-t-il chez toi personne qui en manque ?* Je ne sais, Français, ce que nous répondrions ; mais ce que je sais, c'est que notre fusil nous tomberait des mains !... Ah ! n'importe, le principal, c'est que Casimir Delavigne nous a appelés *Peuple de braves.* Il est vrai que Casimir Delavigne, avant 1830, avait une place chez le duc d'Orléans, aujourd'hui notre roi ! Ah ! diable !.. Oh ! mais cela ne fait rien, notre roi est *populaire*, comme Casimir Delavigne était *populaire*. Tandis que Casimir Delavigne entonnait la *Parisienne*, notre roi chantait la *Marseillaise* ! Demandons un peu à notre roi de nous chanter la *Marseillaise*... Mais non, nous n'avons pas le temps, courons en Pologne... Ah ! cependant, toute réflexion faite, passons avant de partir au bureau des journaux *populaires* qui veulent nous envoyer en Pologne... pour voir combien de leurs rédacteurs sont déjà partis... Ah ! mais, pour aller en Pologne, ils sont trop occupés, leurs rédacteurs, à faire des souscriptions pour les Polonais... C'est *pour eux la saison des bons dîners* .. Allons, Français, allons conquérir, pour les Polonais, la liberté, c'est-à-dire une presse pareille à celle que nous avons, et des bastilles semblables aux nôtres !

FIN.

www.ingramcontent.com/pod-product-compliance
Lightning Source LLC
Chambersburg PA
CBHW061751050726

47598CB00002B/698